数据中台产品经理

从数据体系到数据平台实战

张小墨 / 著

电子工业出版社
Publishing House of Electronics Industry
北京·BEIJING

未经许可，不得以任何方式复制或抄袭本书之部分或全部内容。
版权所有，侵权必究。

图书在版编目（CIP）数据

数据中台产品经理：从数据体系到数据平台实战 / 张小墨著. —北京：电子工业出版社，2020.1
ISBN 978-7-121-39785-1

Ⅰ. ①数… Ⅱ. ①张… Ⅲ. ①企业管理－数据管理Ⅳ. ①F272.7

中国版本图书馆 CIP 数据核字（2020）第 198127 号

责任编辑：刘　伟　　　特约编辑：田学清
印　　刷：北京盛通商印快线网络科技有限公司
装　　订：北京盛通商印快线网络科技有限公司
出版发行：电子工业出版社
　　　　　北京市海淀区万寿路 173 信箱　　　邮编：100036
开　　本：720×1000　　1/16　　印张：13.5　　字数：260 千字
版　　次：2021 年 1 月第 1 版
印　　次：2022 年 4 月第 5 次印刷
定　　价：69.80 元

凡所购买电子工业出版社图书有缺损问题，请向购买书店调换。若书店售缺，请与本社发行部联系，联系及邮购电话：（010）88254888，88258888。

质量投诉请发邮件至 zlts@phei.com.cn，盗版侵权举报请发邮件至 dbqq@phei.com.cn。
本书咨询联系方式：010-51260888-819，faq@phei.com.cn。

前　　言

本书是以数据中台产品经理的视角所写的图书，适合刚入门数据领域的产品经理阅读，也适合计划投身于产品设计行业的初学者阅读。

与前辈们所编著的方法论类书籍不同，本书更倾向于清楚地阐述数据中台产品经理的能力要求，通过记录数据中台体系下各类产品的设计实践，让阅读者看到产品设计的某种可能性。就像读者同作者聊天后，产生一种认知："原来，这样设计产品也是可以的。"

为便于大家了解本书的写作思路，笔者根据各章节内容梳理出了内容架构图，如图 1 所示。

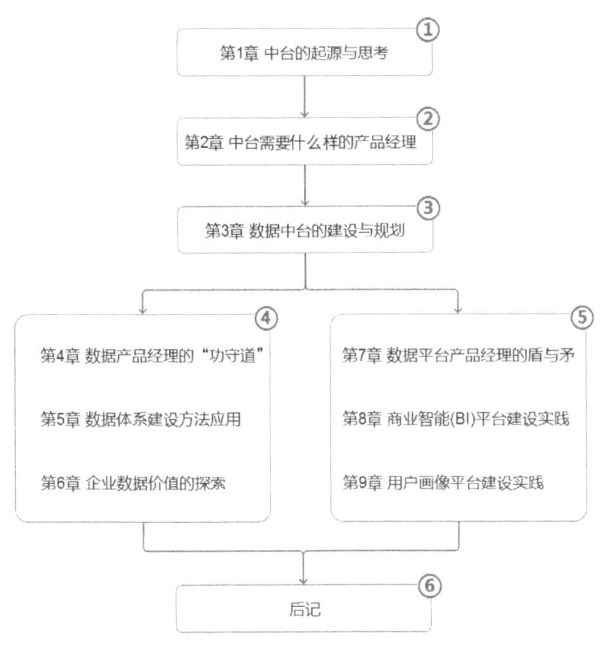

```
        ┌─────────────────────────────┐ ①
        │ 第1章 中台的起源与思考       │
        └─────────────────────────────┘
                      │
        ┌─────────────────────────────┐ ②
        │ 第2章 中台需要什么样的产品经理│
        └─────────────────────────────┘
                      │
        ┌─────────────────────────────┐ ③
        │ 第3章 数据中台的建设与规划   │
        └─────────────────────────────┘
              │                     │
    ┌─────────────────┐ ④   ┌─────────────────────┐ ⑤
    │第4章 数据产品经理│     │第7章 数据平台产品经理│
    │     的"功守道"  │     │     的盾与矛        │
    │第5章 数据体系建设│     │第8章 商业智能(BI)   │
    │     方法应用    │     │     平台建设实践    │
    │第6章 企业数据价值│     │第9章 用户画像平台   │
    │     的探索      │     │     建设实践        │
    └─────────────────┘     └─────────────────────┘
              │                     │
              └──────────┬──────────┘
                  ┌────────────┐ ⑥
                  │    后记    │
                  └────────────┘
```

图 1　内容架构图

按照图 1 的架构，本书展开了以下内容的撰写。

① 讲述中台的起源、类别及对企业的价值，针对数据中台与业务中台展开讨论。

② 讲述中台需要的产品经理，针对中台产品经理的通用能力与特殊性进行阐述。

③ 具体介绍数据中台，将数据中台产品经理拆分为数据产品经理与数据平台产品经理两类，并进一步讲述数据中台的产品定位、产品架构与建设思路。

④ 讲述数据产品经理的专题内容，通过对基础能力、数据体系建设方法，以及企业数据探索实践案例的描述，阐述数据产品经理的能力要求与工作场景。

⑤ 讲述数据平台产品经理的专题内容，通过对基础能力，以及 BI 与用户画像平台的建设实践案例，阐述数据平台产品经理的能力要求与工作场景。

⑥ 展望数据中台产品经理的未来。

在上述内容中，有些读者，尤其是有产品工作经验的读者可能会产生一些疑问。例如，为什么不多讲述一些有关业务中台产品经理的内容？为什么把数据中台产品经理拆分为数据产品经理和数据平台产品经理？为什么 BI 与用户画像平台是数据中台的一部分？针对这些疑问，下面分别解答。

Q1：为什么不多讲述一些有关业务中台产品经理的内容？

A1：从产品经理的能力要求上来说，数据中台产品经理与业务中台产品经理存在很多的能力重合点。在需求梳理、业务沟通与功能设计等方面，数据中台产品经理与业务中台产品经理的能力模型相仿。除此之外，数据中台产品经理还需要具备数据相关的能力素质，因此本书选择以数据中台产品经理为叙述主线。

而作为产品从业者，需要了解中台的整体发展趋势，所以笔者在本书前两章中为大家介绍了一些业务中台的相关内容。

Q2：为什么把数据中台产品经理拆分为数据产品经理和数据平台产品经理？

A2：很多产品从业者认为数据产品经理的职责包含着数据平台产品经理的工作职责，在过去很多有关数据产品经理的书中也这样描述。但在当下，尤其是在数据中台的体系下，我们需要对数据产品经理的职责进行拆分。

就像几年前通用型产品经理并没有那么多细分领域。经过市场的成长与业务需求的驱动，产品经理岗产生了很多个细分领域，其划分方式也有很多，如 B 端/C 端产品经理、移动端/后台/小程序产品经理等。

面对数据中台这样庞大的项目，原本相对"古典"的数据产品经理也应该进

前　　言

本书是以数据中台产品经理的视角所写的图书，适合刚入门数据领域的产品经理阅读，也适合计划投身于产品设计行业的初学者阅读。

与前辈们所编著的方法论类书籍不同，本书更倾向于清楚地阐述数据中台产品经理的能力要求，通过记录数据中台体系下各类产品的设计实践，让阅读者看到产品设计的某种可能性。就像读者同作者聊天后，产生一种认知："原来，这样设计产品也是可以的。"

为便于大家了解本书的写作思路，笔者根据各章节内容梳理出了内容架构图，如图1所示。

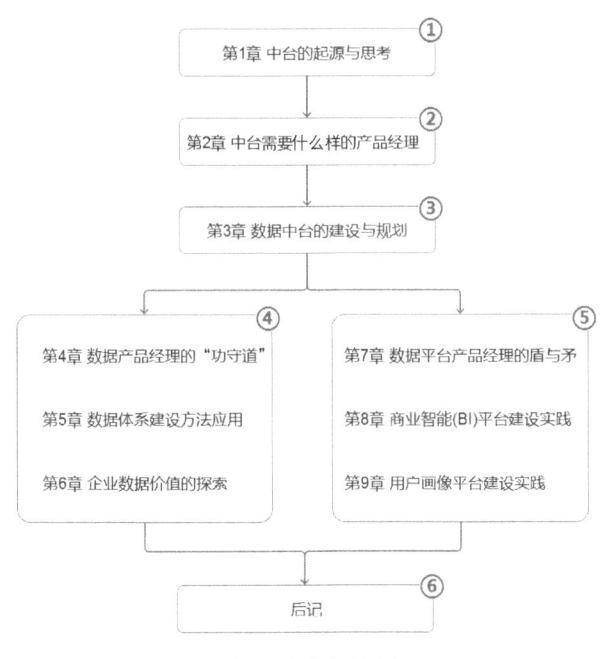

```
① 第1章 中台的起源与思考
        ↓
② 第2章 中台需要什么样的产品经理
        ↓
③ 第3章 数据中台的建设与规划
        ↓              ↓
④ 第4章 数据产品经理的"功守道"    ⑤ 第7章 数据平台产品经理的盾与矛
   第5章 数据体系建设方法应用        第8章 商业智能(BI)平台建设实践
   第6章 企业数据价值的探索          第9章 用户画像平台建设实践
        ↓              ↓
              ⑥ 后记
```

图1　内容架构图

按照图1的架构，本书展开了以下内容的撰写。

① 讲述中台的起源、类别及对企业的价值，针对数据中台与业务中台展开讨论。

② 讲述中台需要的产品经理，针对中台产品经理的通用能力与特殊性进行阐述。

③ 具体介绍数据中台，将数据中台产品经理拆分为数据产品经理与数据平台产品经理两类，并进一步讲述数据中台的产品定位、产品架构与建设思路。

④ 讲述数据产品经理的专题内容，通过对基础能力、数据体系建设方法，以及企业数据探索实践案例的描述，阐述数据产品经理的能力要求与工作场景。

⑤ 讲述数据平台产品经理的专题内容，通过对基础能力，以及BI与用户画像平台的建设实践案例，阐述数据平台产品经理的能力要求与工作场景。

⑥ 展望数据中台产品经理的未来。

在上述内容中，有些读者，尤其是有产品工作经验的读者可能会产生一些疑问。例如，为什么不多讲述一些有关业务中台产品经理的内容？为什么把数据中台产品经理拆分为数据产品经理和数据平台产品经理？为什么BI与用户画像平台是数据中台的一部分？针对这些疑问，下面分别解答。

Q1：为什么不多讲述一些有关业务中台产品经理的内容？

A1：从产品经理的能力要求上来说，数据中台产品经理与业务中台产品经理存在很多的能力重合点。在需求梳理、业务沟通与功能设计等方面，数据中台产品经理与业务中台产品经理的能力模型相仿。除此之外，数据中台产品经理还需要具备数据相关的能力素质，因此本书选择以数据中台产品经理为叙述主线。

而作为产品从业者，需要了解中台的整体发展趋势，所以笔者在本书前两章中为大家介绍了一些业务中台的相关内容。

Q2：为什么把数据中台产品经理拆分为数据产品经理和数据平台产品经理？

A2：很多产品从业者认为数据产品经理的职责包含着数据平台产品经理的工作职责，在过去很多有关数据产品经理的书中也这样描述。但在当下，尤其是在数据中台的体系下，我们需要对数据产品经理的职责进行拆分。

就像几年前通用型产品经理并没有那么多细分领域。经过市场的成长与业务需求的驱动，产品经理岗产生了很多细分领域，其划分方式也有很多，如B端/C端产品经理、移动端/后台/小程序产品经理等。

面对数据中台这样庞大的项目，原本相对"古典"的数据产品经理也应该进行拆分。因此，在本书中，我们将数据中台产品经理拆分为数据产品经理与数据平台产品经理。

- 数据产品经理：依旧"古典"，其工作重点为数据体系建设与数据专项问题解决等。
- 数据平台产品经理：其工作重点为数据产品，需要打造底层/应用层/分析层的各类数据平台/系统/工具。

这样的拆分，已经在互联网企业逐步推行。例如，阿里巴巴、美团与 58 同城等企业，就在产品经理的招聘中逐步对上述两类产品岗进行了明确区分。

Q3：为什么 BI 与用户画像平台是数据中台的一部分？

A3：很多有关数据中台的文章，把数据中台定位成数据体系建设与企业数据治理。笔者认为这样的定位是狭义的，真正的数据中台应该包括"采""存""管""用"这 4 项能力。

数据的"采"，更多是技术架构设计。对数据中台产品经理来说，"管"与"存"主要是数据产品经理的设计领域，"用"主要是数据平台产品经理的设计领域。在各领域中，有很多需要数据产品经理与数据平台产品经理配合完成的工作。

图 2 所示为阿里云数据中台架构简图。在阿里的数据中台体系下，Quick BI 与 DataV 都是其重要组成部分。

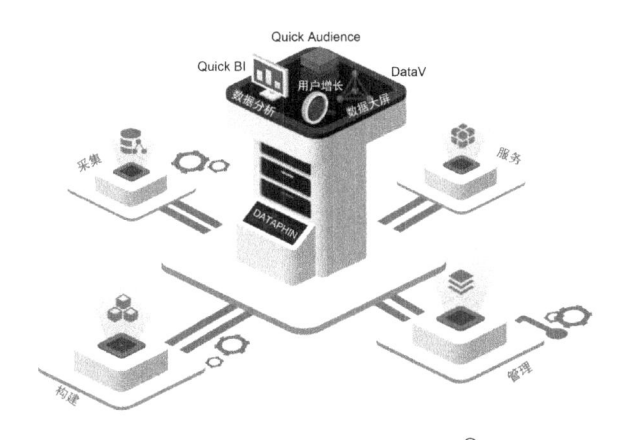

图 2　阿里云数据中台架构简图[①]

---

① 此图来自阿里数据官网。

虽然 BI 与用户画像平台的概念早于数据中台，但是随着数据中台的发展，这些数据应用系统逐步归于数据中台体系下。借着数据中台的东风，各类数据平台焕发出了新的生命力，同时也对数据平台产品经理提出了更高的要求。

综合来看，数据中台的产品设计主要体现在两个方向：数据体系设计与数据平台设计，分别对应着数据中台的数据产品经理与数据平台产品经理。

本书是笔者对过往工作经验的总结，有些理论与体系还需要完善，但仍希望本书可以起到抛砖引玉的作用，让读者了解数据中台需要的产品经理大致需要掌握什么技能，并对产品经理的岗位内容引发一些思考。

目　　录

第1章　中台的起源与思考 1
1.1　中台从何处来 2
1.2　中台的主要价值 3
1.2.1　数据中台的价值 4
1.2.2　业务中台的价值 6
1.3　数据与业务双中台解读 8
1.3.1　数据中台的几点讨论 8
1.3.2　业务中台的几点讨论 11
1.4　国内知名公司中台实施探索 14
1.4.1　阿里的双中台战略 14
1.4.2　滴滴的中台建设 15
1.4.3　58集团的数据中台建设 16

第2章　中台需要什么样的产品经理 19
2.1　产品经理的通用能力 20
2.1.1　产品经理的基础能力——IQ因素 20
2.1.2　产品经理的基础能力——EQ因素 22
2.1.3　产品经理的专业能力 23
2.1.4　产品经理的进阶能力 26
2.2　产品经理的通用工作流程 27
2.2.1　需求阶段 27
2.2.2　设计阶段 29
2.2.3　开发阶段 29
2.2.4　验证阶段 30
2.3　中台产品经理的特殊性 31
2.3.1　更高的全局观与前瞻能力 31
2.3.2　更强的沟通与协调能力 32

第3章 数据中台的建设与规划 34

3.1 数据中台的产品定位 35
3.1.1 采,采集接入 35
3.1.2 存,加工存储 36
3.1.3 管,统一管理 36
3.1.4 用,数据服务 37

3.2 数据中台的系统与服务 37
3.2.1 大数据平台 38
3.2.2 数据资产管理平台 39
3.2.3 数据服务平台 41

3.3 数据中台的建设思路 44
3.3.1 一个方向 45
3.3.2 两条腿走路 45
3.3.3 三步走向成功 47

第4章 数据产品经理的"功守道" 49

4.1 "天条制定者"——数据产品经理 50
4.1.1 数据产品经理的工作场景 50
4.1.2 数据产品经理与数据分析师 53
4.1.3 数据中台的数据产品经理 56

4.2 数据产品经理的"武器库" 59
4.2.1 神奇的 Excel 59
4.2.2 数据建模工具 67
4.2.3 解决问题的 SQL 73

4.3 数据分析方法与策略 81
4.3.1 基本分析法 81
4.3.2 统计分析法 84

第5章 数据体系建设方法应用 87

5.1 经久不衰的数据字典 88
5.1.1 数据字典里有什么 88
5.1.2 数据字典建设步骤 91
5.1.3 数据字典建设的坎坷 92

5.2 解构世界的数据模型 95
5.2.1 数据模型到底是什么 95
5.2.2 数据中台的数据模型 97
5.3 数据体系建设实例 102
5.3.1 数据现状盘点 102
5.3.2 需求分析与框架设计 103
5.3.3 数据字典与数据模型建设 105
5.3.4 数据服务设计 106

第6章 企业数据价值的探索 108
6.1 App用户流量波动分析案例 109
6.1.1 后勤保障，提供数据支援 111
6.1.2 战术参谋，协助模型设计 113
6.1.3 成果验证，提高策略可信度 115
6.2 从数据到智能的无限遐想 116
6.2.1 有温度的智能客服 117
6.2.2 无骚扰的消息推送 118

第7章 数据平台产品经理的盾与矛 121
7.1 "方舟打造者"——数据平台产品经理 122
7.2 数据平台产品经理的防守之盾 125
7.2.1 需求分析能力 125
7.2.2 产品设计能力 129
7.2.3 需要掌握的大数据知识 131
7.2.4 数据应用规划 135
7.3 数据平台产品经理的进攻之矛 136
7.3.1 商业变现的头脑 136
7.3.2 商业变现的边界 138
7.3.3 服务B端的能力 139
7.3.4 虚拟团队的管理能力 141

第8章 商业智能（BI）平台建设实践 144
8.1 BI平台的建设背景 145
8.1.1 什么是BI平台 145

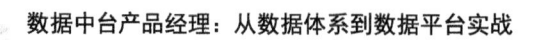

　　　　8.1.2 BI 市场现状与企业 BI 平台建设 147
　　8.2 BI 实战之产品架构设计 148
　　　　8.2.1 产品使用流程 149
　　　　8.2.2 产品架构设计 151
　　8.3 BI 实战之产品功能详解 153
　　　　8.3.1 数据接入 153
　　　　8.3.2 数据处理 155
　　　　8.3.3 可视化分析 162
　　　　8.3.4 内容分发 169
　　8.4 掌观山河的移动 BI 174
　　　　8.4.1 内容分发窗口 175
　　　　8.4.2 数据分析工具 179
　　8.5 数据中台下的 BI 平台 184

第9章 用户画像平台建设实践 186
　　9.1 用户画像的缘起 187
　　9.2 企业标签体系建设 190
　　　　9.2.1 标签分类方式 191
　　　　9.2.2 标签体系建设 193
　　9.3 画像服务能力建设 197
　　　　9.3.1 从标签到画像呈现 197
　　　　9.3.2 标签与画像的服务能力 201

后记 204

第 1 章

中台的起源与思考

随着移动互联网的快速发展,"中台"这个概念在国内逐渐火热了起来。作为打造新概念"鼻祖"的阿里巴巴(简称阿里),在 2015 年 12 月宣布了"大中台、小前台"的中台战略,并在 2018 年 11 月将阿里云事业部升级为阿里云智能事业群,正式对外输出中台能力。同月,美团点评(简称美团)被曝出正在打通大众点评、摩拜单车等业务间的数据,构建数据中台。同年 12 月,百度、京东等企业也纷纷宣布进行组织架构调整,在技术中台与数据中台建设领域发力。

那么,这个让国内各大互联网企业纷纷热议的中台到底是什么呢?

1.1 中台从何处来

据说，中台概念起源于芬兰一家名为 Supercell 的游戏公司，这家仅有几百名员工的公司，接连创造出《部落冲突》《皇室战争》《海岛奇兵》等多个爆款游戏，甚至有人夸赞它是世界上最成功的移动游戏公司。

2015 年中旬，马云带领阿里高管们对 Supercell 进行了一次商务拜访。让阿里高管们惊讶的是，这家只有几百人的公司，竟然把员工分成了多个 5~7 人的独立开发团队进行"分散作战"。

而且 Supercell 的独立开发团队拥有极大的自主权，可以自行决定做什么样的产品，然后公测发布，如果用户反馈不好，就会快速放弃，切换新的产品方向。这种以快打快的开发模式让 Supercell 大获成功，在 2015 年就创造了 9.64 亿美元的净利润。而这些，正是得益于他们所拥有的强大中台。

Supercell 中台将游戏开发过程中通用的游戏素材、技术框架与算法等内容整合在一起，输送给各个独立开发团队，协助各团队在短时间内完成游戏开发工作，由此打造了高效的"散兵作战"模式。

这种开发模式和马云当时所找寻的企业解决方案不谋而合。于是，中台概念率先在阿里诞生了。此行之后，阿里正式启动中台战略，并随之进行了组织架构的调整，加速中台架构的改造进程。

2015 年之前，阿里共有 25 个事业部（蚂蚁金服是阿里集团关联公司），属于传统树状结构型组织架构。而 2015 年之后，阿里组织架构完成了由树状结构向网状结构的转型，如图 1-1 所示。

通过此次调整，阿里将之前的 25 个事业部进行分类合并，并将可以为各事业部提供基础技术、数据支撑的各部门合并为阿里"大中台"，统一为前台提供支撑与辅助。

作为中台概念的先行者，阿里将在线业务中台称为业务中台。因为业务中台的主要作用是更好地服务前台进行规模拓展与业务创新，所以业务中台集成了大量的组件化产品，使前台需要什么资源就能从中台获取什么资源，以确保前台具备更强的灵活性。

图 1-1　2015—2019 年的阿里组织架构①

同时，阿里将以数据治理与数据建设等数据管理活动为特征的中台称为数据中台，旨在打破数据隔阂，解决企业面临的数据孤岛问题。从前台、后台流入的各类数据，经过中台的计算与产品化，构成了企业的核心数据能力，为业务提供数据服务与决策赋能。

这样的业务与数据双中台的模式，为其他企业开辟了一条新的道路，于是各类中台在各企业内部逐步形成，并衍生出越来越多的中台形式。

从形式上看，目前的中台有业务中台、数据中台、技术中台与组织中台等，而对产品从业者来说，我们的关注重点还是在业务中台与数据中台上。

一则，阿里的业务与数据双中台的模式已经证明了其可行性；二则，两类中台的建设均需要产品经理深入参与，从而让产品从业者在企业发展中获得实现自我价值的机会。

1.2　中台的主要价值

谈及中台建设，首先需要考虑企业是否需要中台。

对企业而言，中台是一种解决方案，也是一种思维，是从各种业务模式与业

---

① 资料来源：根据搜狐网、新浪财经、阿里巴巴集团招股书等整理编辑所得。

务系统里抽象出通用内容的过程，也是一个将杂乱无序的内容进行分类汇总的过程。因此，我们需要了解这个过程究竟有什么意义，具体到业务与数据双中台，那就是要了解两者对企业到底有什么价值。

1.2.1 数据中台的价值

伴随着业务的多元化发展，很多企业的下属部门选择自建业务系统。这种选择在系统、功能与应用重复建设的同时，也导致了系统之间的数据处于未能及时打通的割裂状态，大量的数据被阻断在不同的系统中，就像一个又一个的"堰塞湖"，可能满足了单一的业务场景，却阻塞了企业数据资产的全链路管理，使得企业数据难以被全局规划与定义。这就是数据中台应运而生的原因。

因此，数据中台首先要融合企业内外数据，根据实际情况进行数据体系建设，打破数据隔阂，解决企业面临的数据孤岛、数据标准不一致等问题。在解决上述问题后，数据中台还需要进行可落地的数据产品建设，从而打造出一套行之有效的数据产品体系。

所以，数据中台是数据体系与数据产品的结合物，更是一种解决方案与战略选择。

数据中台所带来的价值，可以总结如下。

1. 助力决策的大数据平台

数据中台的基础，是建设统一的数据开发、管理和应用规范，形成标准统一的数据资产，夯实数据互通的基础，并以此打破系统间的数据壁垒。举例说明如下。

某企业多个部门的业务系统进行数据存储时，都会用到"订单量"这个指标，但是各系统对"订单量"的统计口径不同，如下所述。

- A 系统：统计周期内销售的订单数量。
- B 系统：统计周期内付款的订单数量。
- C 系统：统计周期内销售并付款的订单数量。

请大家思考一下，如果出现在统计周期前销售，却在统计周期内付款的订单，在上述 3 个系统中，是否计入订单量的统计？

诸如此类数据标准与统计口径不一致的问题，造成了大量的数据壁垒，增大了企业统计全业务数据的难度，而这正是数据体系建设需要攻克的首个难题。

在统一数据标准的同时，数据中台会向各业务线提供数据资产聚合、共享和管理的能力，让数据互通共享不再需要"翻译官"，从而极大地提高数据分析的效率，让企业拥有快速构建分析模型的能力，使得数据资产成为推动企业业务发展的"新能源"。

2. 洞察客户的精准营销

数据中台推行 3O 服务，即 One Data（一个数据管理体系）、One ID（打通的用户体系）、One Service（一个服务平台）。在此过程中，不断完善的数据体系会不断地丰富各场景所需的数据；打通的用户体系，又在多角度丰盈着用户画像，从而使得系统记录下的用户画像更加立体。

我们可以通过一个用户画像的例子来说明。某综合性平台旗下的多款产品都有用户"小白"的使用记录，如下所述。

- 租房产品：小白最近在关注北京海淀区的房子。
- 求职产品：小白最近应聘了北京海淀区多家公司的岗位。
- 外卖产品：小白之前点餐的配送地址都在北京朝阳区。

如果平台数据与用户体系是互通的，根据上述内容，我们可得出的初步结论是用户小白计划从朝阳区跳槽到海淀区某公司，当前准备租住海淀区的房子。

根据小白在系统中的各种行为数据，我们可以进一步分析：根据小白的日常外卖饮食消费与所浏览的租房信息，判断他的消费层次，结合投递职位的薪资，推算他的生活支出占比……然后，一个立体的"小白"将跃然纸上。

如果这些数据被隔离在各个系统中，我们可以获知的信息，只能是单一的一个人吃过什么、想去哪里住，或者想去哪里工作。

而在数据中台体系下，互通的业务数据可以结合企业产品，利用推荐算法，在用户使用产品时进行相应的营销推广，从而缩短用户的选择路径，提高用户转化率，实现"千人千面"的精准营销。

3．数据智能的想象空间

数据之间可以组合出很多可能性，除了满足现有业务的分析需求，还可以碰撞出新的业务创新点，从而反哺原有业务发展，使数据中台与业务系统构成一个良性闭环。

此外，数据服务还可以与智能化相结合，在数据中台存储与计算能力的基础上，选用合适的算法对已有数据进行处理，构建出智能服务模型，让数据产生"思考"。

当数据产生"思考"，数据智能的想象空间将变得无比辽阔。

对数据中台来说，数据处理能力、数据模型能力与数据应用能力决定着数据中台的能力下限，而算法能力将拔高数据中台的能力上限。

例如，引入算法模型，实时监控产品收入与流量波动情况，快速判断当前运营策略的执行风险。

所以，数据中台的价值还在于为企业提供了一种新的数据协作方式，给企业带来了更多的可能性。

1.2.2　业务中台的价值

对于业务中台，首先需要了解"业务"两个字，并对互联网企业与传统企业的概念加以区别。

对于互联网企业，业务中台需要应对业务方向不同，却又存在共性的前台场景。例如，58集团旗下有房产、汽车、招聘与本地服务等业务线，各业务线的应用场景不同，但其背后的业务模式相通，都是在为用户提供信息服务。因此，互联网企业的业务中台多为应用中台，其主要能力是"复用"。

传统企业与互联网企业的横向发展模式不同，它们追求从生产到供应的全周期管理，以解决企业的供需关系问题。这种纵向探索的方式，需要由数据服务来承载，所以传统企业一直高呼数字化转型，因此传统企业的业务中台更倾向于数据能力建设。

下面我们就来看一下，业务中台到底解决了多少问题，又为企业带来了哪些价值。

1. 快速响应，减少业务冲突

互联网时代的发展，不断加快着产品迭代的速度，这种以快打快的竞争方式，让互联网企业充满了焦虑。

于是，如何进行低成本的快速迭代成为企业业务发展的瓶颈，而后台系统为了支撑前台业务不断地填充新功能而变得日益臃肿，复杂且交叉的业务逻辑也让后台重构成了企业的"不可触碰之痛"。

面对用户需求的变化，如何快速响应、快速满足，成为摆在台面上的问题，而"能力复用"成为解决此类问题的一剂良药。

当然，能力复用并不算新话题。很多企业在产品组件化上已经付出了多年的努力。如今业务中台概念的提出，要求企业进一步提高复用能力，将前台与后台可复用的功能抽象到中台，如用户验证、IM模块、搜索引擎、订单系统等。

前台开发时直接从业务中台选用相应模块，免去从0到1的开发环节，使得前台将更多精力投放在匹配业务逻辑的功能联调上，从而提高响应速度，降低开发维护成本，让前台变得更加轻盈。

在上述过程中，业务中台需要将尽可能多的功能抽象成可复用的功能模块，但是我们需要认识到一个问题，业务需求除了通用功能，还存在着大量的定制化功能，如果业务中台去一一满足，就重回了后台系统建设的老路。因此，业务中台抽象出的复用功能需要具备一定的弹性空间，从而得以应对更多的业务场景。

适度的业务逻辑抽象、弹性的复用功能设计，是业务中台给予产品经理的一项挑战，是不是很有趣？

2. 打破壁垒，避免资源浪费

延续上面提到的快速响应的内容，在中台实施建设的过程中，业务中台还承担着"破壁者"的角色，将部门之间的"围墙"与"壁垒"一一击破。

有人说，业务中台是"一把手工程"。让我们仔细琢磨这句话，体会一下其背后的含义。

企业发展到一定规模，各事业部乃至二级部门就像一座座"山头"，当然大家都在为企业的长远发展而努力，但有些事情缺乏明确的"责权利"（责任、权力、利益），导致部门之间出现恶性竞争与责任逃避。还有些企业推崇"赛马机制"，鼓励部门竞争，大家自然都想往容易产生成绩的方向努力。

而业务中台的实施，需要打通部门壁垒，让各事业部之间互通有无，加快业务进展。这看起来是一小步，但很可能是企业向前发展的一大步。借此机会打造企业内部统一的流程标准，不仅可以提高中台的响应与共享速度，还可以提高各事业部的决策速度。

中台的发展，促使企业进行企业级的组织架构调整，让前台更贴近用户，让中台更贴近业务。随着业务中台的沉淀与复用，航母级的企业也会具备随时转身掉头的能力，这就是业务中台最大的意义。

1.3 数据与业务双中台解读

1.2 节（中台的主要价值）提到了数据与业务中台的价值。

数据中台将前台、后台及业务中台所产生的数据进行抽离，以此打破数据隔阂，解决企业面临的数据孤岛等问题，并以此为基础进行数据产品的落地建设，让数据资产的价值得以更好地发挥。

业务中台是能力复用平台，它会抽象实际业务中的共有需求，为企业解决"重复造轮子"的问题。

但是，目前"中台"的概念尚未有一个明确的、统一的定义，所以我们有必要再来解释一些问题，方便大家更加透彻地理解中台的建设思路。

1.3.1 数据中台的几点讨论

数据中台的概念，从 2018 年逐渐火热起来，至今仍在节节升温。数据中台百度指数趋势（2018—2020 年）如图 1-2 所示。

图1-2 数据中台百度指数趋势（2018—2020年）

价值高与概念火热，并不代表大家对数据中台没有疑问。萦绕在大家心中的问题，可能有以下这些。

- 数据中台为什么这么火热？
- 数据中台和数据仓库有什么区别？
- 数据中台是不是可以成为一种工具或者一款产品？

下面就让我们解读一下上面的问题。

1. 数据中台火热的原因

近些年，数据中台的概念火遍了科技圈，虽然部分企业有"概念炒作"的嫌疑，却也在一定程度上证明了数据中台的重要性。至于数据中台为什么会迅速火爆起来，主要有以下两点原因。

1）项目成果能见度高

数据中台不同于业务中台。虽然业务中台直接服务于前台，但其项目成果不易量化；反观数据中台，不管是数据治理（数据资产化），还是支撑业务决策（数据业务化），项目成果能见度高，容易出成绩，可以增强决策者对数据中台的建设信心。

2）对现有组织架构影响小

数据中台不像业务中台那样大刀阔斧地去劈开各系统间的壁垒，它更像一阵春风，悄无声息地滋润着企业的每个部门，也可以把它形容成藤蔓，缠绕在各系统上，从各系统中获取数据，然后经过加工反哺给各系统。这样的共生关系，不会影响各系统原有的运行，也不会对原有组织架构产生过多的影响。

基于上述原因，数据中台的火热也就不足为怪了。

2．数据中台和数据仓库的区别

数据中台和数据仓库有什么区别？这是很多互联网从业者的疑问。在实际工作中，数据仓库（简称数仓）会存储各类数据，并产出各种可视化报表，而数据中台所要完成的数据治理给人一种要做企业级数仓的感觉。

那么，数据中台和数仓到底有什么区别？在此我们提出如下两点不同。

1）数据实时性不同

数仓的数据建设大部分基于各业务系统的关系型数据库及各前台业务的埋点数据，其计算方式可以做到 $T+1$（延迟一天）的离线计算，实时计算能力较弱。而且传统数仓存储的结构化数据较多，对非结构化数据的处理能力较弱。反观数据中台，不仅需要解决各类数据的存储与融合问题，还要实现实时计算，甚至是智能计算。

2）业务目标不同

传统数仓讲究根据实际业务进行数据抽取并产出报表，解决的是"一城一地"的问题，而数据中台不仅面向报表，还服务于前台业务，从而实现数据资产化与业务化，在报表的基础上，提供个性推荐、营销决策、风险评估等内容，并为企业各系统提供数据 API（应用程序接口）服务。相比传统数仓，数据中台更像一个综合性数据服务平台。

3．数据中台和数据工具的区别

随着数据中台的火热,某些传统软件商将原有的数据产品改名为某数据中台，然后对外销售，好像数据中台就是一款可以即插即用的工具。那么实际上呢？数据中台是工具吗？

在介绍数据中台的价值时，我们提到除了实际功能，数据中台还是一种战略选择与运营解决方案，也是一套行之有效的数据运营机制。所以，我们不能将数据中台简单地等同于数据工具，而应将数据中台看作数据工具、数据服务模式与数据运营机制的结合体。

1.3.2　业务中台的几点讨论

关于业务中台是什么，我们在 1.2.2 节（业务中台的价值）中做过解释，但是仍然有几个问题摆在我们的面前，如下所述。

- 业务中台和前台、后台的功能边界在哪里？
- 业务中台和中间件、微服务的区别在哪里？
- 业务中台项目该由哪些人或哪个部门来主导？

这 3 个问题是业务中台落地前需要搞明白的，也是很多有关中台的文章未曾提及的，本节将对上述问题进行简单的解读。

1. 业务中台与前台、后台的功能边界

在中台概念引进之前，企业中各项目之间相对独立，随着项目的成长，企业中"烟筒"林立，效率受到掣肘，于是项目模式逐步演进。中台的诞生过程如图 1-3 所示。

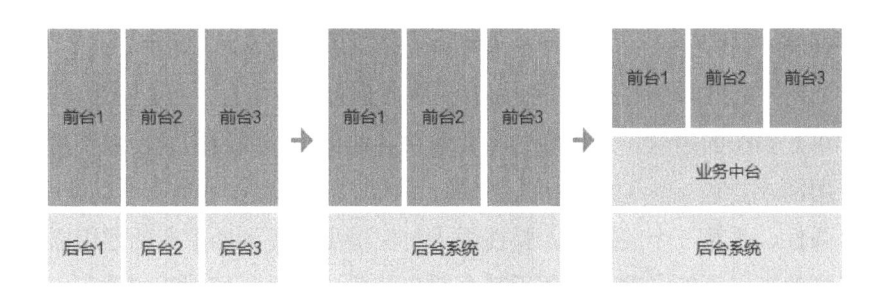

图 1-3　中台的诞生过程

从前台、后台的完全隔离到后台系统的相对统一，再到业务中台的诞生，都是企业提升效率的举措。

其中，业务中台通过对公共技术模块与通用业务需求的抽离，形成中台服务，

封装成公共业务模块供前台调用,以降低开发成本,提高开发效率。但问题在于,哪些业务流程是通用的?哪些功能是需要抽离出来放置在业务中台里的?简单地说,就是业务中台和前台、后台的功能边界在哪里?

为了让大家更好地理解上述问题,我们先来定义一下一般情况下的前台与后台,如下所述。

- 前台:前台面向用户,是可以让用户直接看到与接触的产品,如 PC 端网站、移动端 App、微信小程序等。
- 后台:后台是提供给系统管理人员与内部用户使用的产品,如客户管理系统(CRM 系统)、企业资源管理系统(ERP 系统)、财务系统等,这些系统构成了企业的后台矩阵。

业务中台作为前台的服务者会承接前台业务方的各种需求,如果不做甄别地接受,就会沦为前台业务的外包团队,还"费力不讨好"。因为模糊的边界意味着无穷的撕扯,会使中台团队陷入两难境地。

为了避免这样的问题,我们尝试对业务中台与前台、后台的边界进行划分:**业务中台要符合企业建设业务中台的初衷,以抽取通用需求为前提,适度完成弹性变化的需求。**

- 初衷,是第一个关键词。业务中台所做的功能规划一定要符合企业建设业务中台的初衷,即无论企业想要用业务中台解决什么问题,都不能背离初衷。
- 通用,是第二个关键词。业务中台是企业的业务中台,不是面对单一业务、单一系统的中台,所以我们需要解决各业务线的通用需求,以及潜在的通用需求。
- 弹性,是第三个关键词。弹性需求对应着上面提到的潜在的通用需求,这样的需求可能当前只服务于某个前台业务,如果我们判断它具备一定的成长性与通用性,那么这样的需求同样可以成为中台的一部分。

上述内容就是边界的划分依据,大家可以结合企业的实际情况进行参考。

2. 业务中台与微服务、中间件的关系

首先,看一下微服务与中间件的定义,如下所述。

- 微服务，是按照业务领域进行拆分的高内聚、低耦合的小型服务单元，各服务单元之间相互独立，既可以独立部署，又可以通过标准的通信协议进行相关访问。
- 中间件，是介于前端应用与后台系统之间的系统软件或服务，实现了不同系统之间的互连操作，如消息中间件、交易中间件等。

这样来看，是不是微服务和中间件就是业务中台呢？

答案是否定的，微服务和中间件是实现业务中台的技术手段，但并不等同于业务中台。并不是堆砌了服务组件就可以完成业务中台的打造，业务中台具备业务属性，是一个企业级能力复用平台，也是一种全新的企业组织架构。

如果把中台比作饭店的配菜中心（配菜中心需要根据菜肴的品种和各自的质量要求，把经过刀工处理后的两种或两种以上的主料和辅料适当搭配，使之成为一道菜的原料），微服务就是分菜、配菜的方法，中间件就是切菜的刀、盛菜的盘。

上述比喻可能不是很贴切，但是足够我们用来理解业务中台与微服务、中间件的关系。明白了三者之间的关系，我们再来谈一下业务中台该由谁来担纲负责。

3．业务中台项目的主导者

业务中台为前台服务，是不是就要在前台选择主导者，然后从各前台事业部调拨人马组建中台团队呢？

服务前台就选择了解前台业务的人来担纲，这是一种选择，不过我们需要认识到业务中台"破壁者"的定位，在打破原有"烟筒"式的系统格局的过程中，业务中台的主导者难免会遭遇到前台反馈回来的压力。

从前台调拨人马，可能会遭受"本是同根生，相煎何太急"的实施压力。另外，从前台"选帅"，也可能被业务目标影响，从而缺乏自上而下推动前台系统改造的力度。

业务中台建设是企业级战略项目，也可以说是"一把手项目"，所以企业"一把手"坐镇最好不过，不偏不倚，还具备强执行力。当然CTO（首席技术官）挂帅也可以，既保障了项目的中立性，又保障了中台的开发资源。

与此同时，我们还需要一份可以贯彻实施的纲领与制度。纲领源自企业建立中台的愿景与初衷，制度确保中台的中立性，既要满足业务需求，又不过度参与业务。

总之，中台需要的主导者是可以执行这份纲领与制度的人，至于具体是谁，因时因地而异，需要企业管理者来决策。

1.4 国内知名公司中台实施探索

在各大互联网企业布局中台的过程中，有很多对外呈现的产品，在此做一个简单的梳理，与大家一起分享几个中台案例。

1.4.1 阿里的双中台战略

阿里在正式宣布"大中台，小前台"战略之前，就具备了一定的技术与组织基础。

2008年，淘宝系统采用分布式，打造了基础和核心服务中心及中间件。

2009年，阿里成立了共享业务事业部，将淘宝、天猫两个平台中公共通用的业务功能沉淀到共享业务事业部，避免功能的重复建设和维护，节省了企业的开发资源。

2015年，阿里与蚂蚁金服携手打造"口碑"业务，借此统一了阿里与蚂蚁金服的中台体系，实现了技术平台底座的共享，发挥了阿里多年技术沉淀的价值，逐步打造了堪称经典的"业务与数据双中台"，如图1-4所示。

从图1-4中，我们可以看出业务中台和数字中台并肩扛起了前台业务。

在阿里的双中台架构中，业务中台与数据中台相辅相成、互相支撑，一起构建起了"战场强大的后方炮火群和雷达阵"，为前台提供运行更稳定、架构更灵活的技术支撑。

在2019年阿里云峰会·上海峰会上，阿里巴巴集团CTO、阿里云智能总裁张建峰再次解读了阿里的双中台能力,指出利用统一协同的"数据中台+业务中台"双中台体系，可以实现从业务生产数据到数据赋能业务的企业闭环管理。

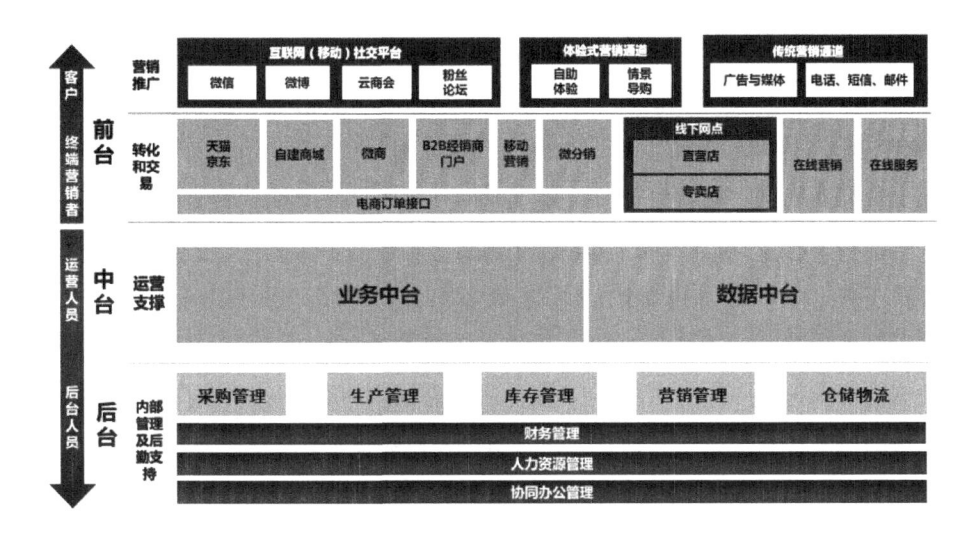

图 1-4 企业中台经典架构[①]

同时，他结合企业会员营销方案，明确了双中台的功能边界。其中，业务中台包含会员中心、标签中心、账户中心、权益中心、营销中心和促销中心等；数据中台包含标签、模型、指标三大内容。在业务与数据双中台体系下构建的平台应用，可以帮助企业实现从会员招募、潜客激活、会员画像、忠诚度经营、营销策略到数据罗盘的会员营销场景。

1.4.2 滴滴的中台建设

2015 年 9 月 9 日，滴滴打车正式更名为滴滴出行（简称滴滴），成为一家涵盖快车、专车、出租车、顺风车、代驾等多项业务的一站式出行平台。同年，滴滴着手中台建设。

2016 年，滴滴调整中台建设思路，提出基于最大的业务线，也就是出行业务线来孵化滴滴出行中台。

因为滴滴的业务本质大部分是出行，所以各项业务存在很大的共性，这为出行中台的建设提供了"肥沃的土壤"。

---

① 阿里巴巴中间件资深专家钟华，2018 年云栖大会分享内容。

在 QCon 上海 2019 全球软件开发大会，滴滴出行高级技术专家何修峰老师分享了滴滴出行中台（业务中台）的 6 项能力：订单中心、计价中心、支付中心、Passport、用户中心和触达平台，并提到滴滴出行中台的发展方向仍在探索中，下一步希望滴滴出行中台能成为一个统一的出口，实现业务之间的协调与创新。

在出行中台建设过程中，滴滴也在同时进行着数据中台的建设。滴滴首席工程师张茂森老师，在 2019 DAMS 中国数据智能管理峰会进行现场分享时，提到滴滴每日处理数据量超过 4800PB，日均车辆定位数据超过 150 亿辆次，每日做的路径规划请求超过 400 亿次，对 15 分钟后供需预测的准确度达到了 85%。上述数据无疑凸显了滴滴数据中台的强大，其数据系统组成如图 1-5 所示。

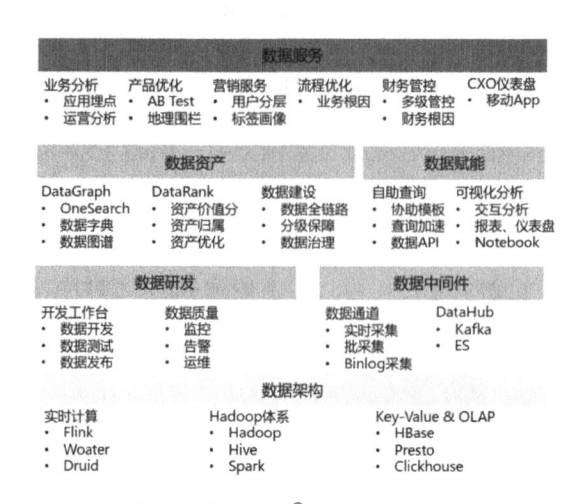

图 1-5 滴滴数据系统组成[1]

在滴滴数据中台建设过程中，滴滴把竞争力放在了数据智能方向上，并建设了精益的数据管理体系，充分发挥了团队成员的主观能动性。

1.4.3 58 集团的数据中台建设

2015 年，58 同城收购了安居客，并与赶集网合并。在这样的背景下，58 集团着手数据中台建设，为 58 集团各个业务线提供数据生态链的完整解决方案，覆

---

[1] 滴滴首席工程师张茂森老师，2019 DAMS 中国数据智能管理峰会分享内容。

盖了集团统一的数据仓库、大数据基础开发组件、大数据应用平台工具，以及各种通用的数据应用服务。58数据中台架构图如图1-6所示。

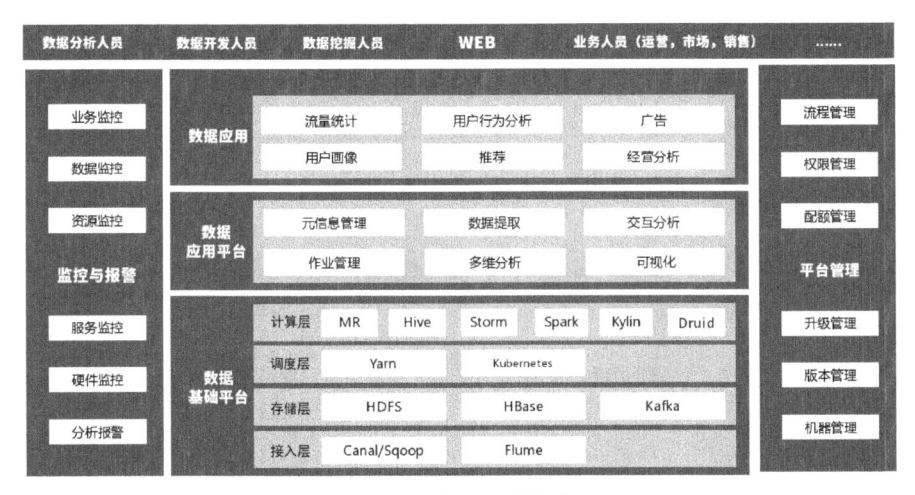

图1-6 58数据中台架构图

58集团的数据中台建设方案与典型的中台落地能力吻合，由数据体系建设、数据基础平台建设与数据应用平台建设3部分组成。

1．数据体系建设

58数据中台建设了集团统一的数据仓库，将分散在各个业务的海量数据集中存储，统一处理、规范化，并提供了丰富的配套功能用于数据开发人员管理数据仓库。

目前，58数据中台覆盖了58同城、赶集网、安居客、英才网、转转、58到家等品牌，且已有数据主题根据不同数据敏感等级匹配了相应的权限审批流程。

在数据字典服务建设上，58集团实现了数据查找、申请、审批、交接全流程的在线化操作，并提供个性化自定义数据监控和报警服务，让数据开发用户可以轻松了解数据的变化情况。

2．数据基础平台建设

58数据中台团队根据多年来落地实践的经验，将大数据平台分成基础平台和应用平台。其中，基础平台对应着数据中台落地能力中的平台能力，为数据开发用户提供大数据相关的可供生产环境使用的底层技术和组件服务，同时承担业界最新技术的前瞻性预研和落地。

3．数据应用平台建设

58 数据中台的大数据应用平台将数据生态链与 58 集团各个业务线数据方面的痛点结合，抽象出各种丰富易用的数据产品，承担着将大数据技术落地到业务并实现数据驱动的使命，其业务架构如图 1-7 所示。

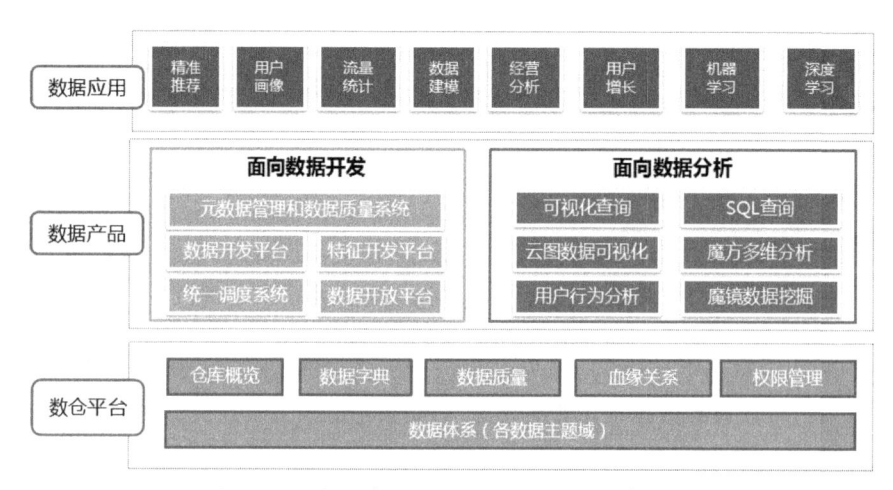

图 1-7　58 数据中台的大数据应用平台业务架构

经过多年的持续建设和高效落地，目前 58 数据中台的大数据应用平台层的产品和系统覆盖了大数据离线和实时分析开发场景，为 58 集团各个业务线的数据开发、数据分析、产品、运营、市场等部门的人员，提供了可视化查询、用户画像等服务能力，并建设了"云窗"一站式数据开发与分析云平台，为各个业务线提供数据生态链的完整解决方案。

第 2 章

中台需要什么样的产品经理

在数据中台和业务中台的建设过程中，产品经理扮演着不可或缺的重要角色。当企业决定实施中台战略时，除了管理层的战略定位，还需要产品经理设计出符合企业预期的中台产品，并进行落地推进。可以说，中台产品经理的工作输出直接影响着中台建设的质量与速度。

在业务与数据双中台模式下，中台产品经理可以分为业务中台产品经理和数据中台产品经理，其中数据中台产品经理又可以细分为数据产品经理和数据平台产品经理，这些内容在后续章节中会详细介绍。

其实不管是业务中台产品经理，还是数据中台产品经理，首先都是产品经理，其次才是中台产品经理。那么，什么样的产品经理可以胜任中台建设的相关工作？他们和通用型产品经理又有什么不同呢？

下面，让我们从中台产品经理与通用型产品经理的相似性与特殊性两个角度来聊一聊。

2.1 产品经理的通用能力

随着众多产品前辈的不断摸索，产品经理的能力模型日益清晰明确，产品岗逐渐从蛮荒时代过渡到了规则时代，很多有关产品经理的书籍在不断地输出着能力模型的相关内容。结合这些内容，我们发现通用型产品经理的能力模型依然适用于中台产品经理。

产品经理的能力模型可以具象为技能树，虽然不同类别产品经理的能力侧重点不同，但是他们的能力模型的主要构成相似。

一般来说，产品经理的能力可以分成 3 类：基础能力、专业能力和进阶能力。不同类别的产品经理的 3 类能力的异同如下：基础能力相同，专业能力相似，进阶能力相仿。

2.1.1 产品经理的基础能力——IQ 因素

一般来说，基础能力由智商（Intelligence Quotient，IQ）因素与情商（Emotional Quotient，EQ）因素两部分组成。下面先说 IQ 因素包括的 3 种能力。

1. 学习能力

学习能力是指将知识资源转化为知识资本的能力。这是产品经理快速掌握各项技能的基础，也是产品经理应对不断变化的业务场景所必备的能力。

如今获取知识资源的方式有很多，如自主学习、机构培训、自媒体信息等。在这个信息爆炸的时代，主动学习是件好事儿，怕的是盲目学习和碎片化"自嗨"。如果头脑里装满了"知识"，却没办法按需取用，那么不仅占用"内存"，还浪费感情。

如何快速取用所学的知识，并将其运用到实际工作中呢？

大家可以按照岗位要求与工作需求，梳理出一份适合自己的知识体系，然后按照知识体系进行知识填充与梳理，增加学习的目的性。

当这样的学习方式成为个人习惯，我们的学习能力自然会水涨船高。而且，知识被结构化存储，也便于我们在实际工作中灵活运用各种知识。

对于知识体系的梳理，笔者有些简单的技巧分享给大家。除了参考各类图书，还可以从岗位招聘信息中提炼出目标岗位的岗位职责与技能要求，然后倒推出胜任该职位所需的知识技能。

也可以通过多个岗位职位描述（Job Description，JD）的对比，对知识体系进行修正与完善，最终产出与自身实际情况相符的"终南捷径"。

2．理解能力

理解能力承接学习能力。学习是一个消化、吸收的过程，在此过程中，理解能力决定了消化、吸收的效率。

在产品经理的实际工作中，如果一位产品经理拥有良好的理解能力，在收集需求与获取工作任务时，就可以最大限度地还原用户需求，并且清楚地了解工作任务背后的诉求，从而减少无意义的产品需求与设计。

同时，理解能力是探究需求本质的能力，也是提高同理心的有效手段。对产品经理来说，同理心是共情能力，也是瞬间变身为典型用户进而理解他人所思与所求的能力。

想要提高理解能力，需要避免信息过载，保证自己的知识体系可以完成对理解内容的覆盖。另外，复盘也是一种不错的选择，"吾日三省吾身"是有道理的。

3．逻辑能力

逻辑能力是把无序的内容整理为有序的内容的能力，也是判断、推理事务发展规律的能力。

在进行产品设计时，产品经理的逻辑能力决定了设计成果是否逻辑严谨。而在遇到问题时，产品经理逻辑能力决定了其能否抓住问题的关键，看透问题的本质，从而化繁为简，将问题解决。

逻辑能力的锻炼，产品经理可以从学习逻辑学的相关内容开始，如演绎推理法中就有三段论、假言推理、选言推理与关系推理等多种方法可以学习。

在三段论中，有一个经典推理如下。

人都会死；

苏格拉底是人；

所以，苏格拉底是要死的。

学习这些推理方法，不仅可以提高我们的推理技巧，还可以提升我们的逻辑能力。大家感兴趣的话，可以多看一些有关逻辑学的书籍，以提高自身的逻辑能力，如斯蒂芬·雷曼的《逻辑的力量》。

除了阅读逻辑学相关书籍，在日常生活与工作中，我们还需要养成寻找"标准"的习惯。不管是判断优劣，还是判断轻重缓急，都需要有一个判断"标准"，弄清楚了判断标准，就完成了基本的逻辑判断。

2.1.2 产品经理的基础能力——EQ因素

EQ（情商）因素，也由3种能力组成。

1. 执行力

从理解需求到产出需求，再到执行需求，每个环节都存在信息损耗，而提高执行力可以降低每个环节的信息损耗。

产品经理提高自身的执行力，减少信息损耗，是保证项目如期完成的极大保障，也是让自己在项目实施过程中发光发热的必要手段。

人在职场，有很多因素会影响到工作状态，如家庭、工作内容、薪酬等，这些状态的起伏都会对执行力产生影响。产品经理的高情商就在于可以在不同工作状态下保持高效的执行力，所以我们也可以把执行力理解为做事的能力。

2. 沟通力

沟通力不是指能言善辩，而是通过沟通达成工作目标的能力。沟通的最终目的是打破信息不对称的局面，最终达成共识。在实际工作中，沟通成效既影响项目参与方的协作效果，又关乎项目的成败。

从不敢说到敢说，从敢说到有条理地说，在这个过程中，有很多可以学习的沟通技巧。例如，在沟通中借助图表或者用白板勾画，使用更加生动的方式进行阐述，不急不躁，让人如沐春风。

产品经理在进行需求评审时，有些人是对照着需求文档"朗读"的，但是有些人会准备好效果图与参考案例，一边讲解，一边展示，需求评审效果自然就得到了提升。

字不如表，表不如图，"古人"诚不我欺。

3．忍耐力

忍耐力可以提高产品经理的思想境界，我们可以把忍耐力分成3层，如下。

- 向下忍耐力：身为管理者，需要具备向下忍耐力，理解团队成员的业务认知程度不同，以及工作输出质量不同。
- 横向忍耐力：作为产品经理，与开发团队、测试团队，都是一种横向合作关系，在合作过程中争吵在所难免，我们追求的是"吵而不怒"。
- 向上忍耐力：作为下属，当领导提出"相对不合理"的产品需求与项目要求时，难免会产生抵触情绪，所以我们需要合理消化这些情绪。

沟通中的容忍是指就事论事，无须人身攻击，理智是制胜法宝。执行中的容忍是指前期方案无须尽善尽美，尽量秉持着MVP（最简可行产品）原则，让我们的产品跑起来。汇报中的容忍是指面对自上而下的指令甚至批评，不产生情绪化的愤怒，而是可以平心静气地分辨争吵背后的诉求。

容忍别人，等于善待自己，当从容忍走到包容，就有了思想境界。

2.1.3 产品经理的专业能力

随着行业的发展，产品经理的岗位不断地被细分，按照不同区分方式进行细分，可以总结如下。

- 按照业务产品不同：中台产品经理、移动端产品经理和后台产品经理。
- 按照涉及业务不同：平台型产品经理和业务型产品经理。
- 按照技术要求不同：技术产品经理和业务产品经理。
- 按照面向用户不同：C端产品经理和B端产品经理等。

面对上述不同类型的产品经理，将工作场景与专业技能进行聚合，会发现大部分产品经理的工作是将想法或诉求落地成产品。而这一过程包含了以下4项内容。

1. 需求分析

需求分析的前提是收集到了足够多的需求，有被动告知与主动收集两种方式。

- 被动告知：业务方需求、用户使用反馈。
- 主动收集：用户调研、竞品分析、数据分析。

不管是通用型产品经理，还是中台产品经理，在完成需求收集而进行需求分析的时候，都可以使用这样一个法则：5W2H分析法（七问分析法），如图2-1所示。

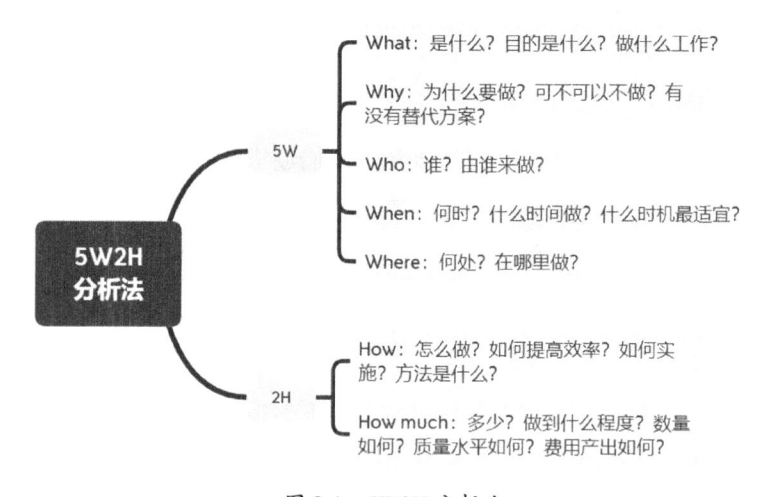

图 2-1　5W2H 分析法

参照 5W2H 分析法，梳理用户故事，形成项目需求清单，是将想法落地成可实施需求的过程，也是一个解决问题的过程。

2. 产品规划

"罗马不是一天建成的"，互联网产品也是如此。

面对大量的功能需求，产品经理梳理出需求清单后，要对需求进行性价比评估，从而确定产品的迭代范围与迭代方向。产品规划的基础是产品愿景，是企业想要让这款产品成为什么样存在的愿景，为了达成愿景所要走下去的每一步就是产品规划，它就像一份作战计划书。

有人说，做产品规划要往高处站，就像在山顶看山脚的溪水，要一眼看出水往何处流，而不是蹲坐在山下溪水中，只能感受当下的水流。

3．产品设计

从需求到需求文档，是产品经理的看家本领。不同产品经理产出的需求文档的类型各有不同。例如，商业产品经理产出的是商业产品策划方案；数据产品经理产出的是数据字典与表样设计等内容；移动端产品经理产出的是相对常见的功能设计文档等。

各类需求文档，虽然侧重点不同，但其本质相同，都是在提供解决方案，也都契合马斯洛需求层次理论，从生理需求、安全需求、社交需求、尊重需求到自我实现需求。

在产品设计中，需求越靠近底层，就越是刚需。在满足刚需的基础上，产品越是接近高层，就越拥有强大的生命力。

在实际工作中，各类产品经理的产品设计方法还是有所不同的，其中有关中台产品经理产品设计的相关内容会在后续章节中详细介绍。

4．项目管理

从产品需求评审、需求澄清、功能跟测、产品上线到项目复盘，由于很多项目没有配备项目经理，所以需要产品经理参与项目管理工作。通过这样的参与，可以让产品经理更直观地感受到开发成本，从而提高对需求颗粒度的控制能力。

因此，产品经理既要把握项目进展，又要掌控项目风险。所以，产品经理需要了解项目管理的基本方法与技巧，如挣值理论、工作分解结构（Work Breakdown Structure，WBS）与关键路径法等。

尤其是WBS，该方法通过对功能节点的分析，统筹整个项目所需的人力、时间、成本，可以让产品经理更深刻地了解开发同事的工作内容。

项目管理的知识体系很宏大，在项目管理相关理论中，认为凡是具有特殊性、相对临时性和有变更驱动性质的事件，都可以用项目管理的方式去管理实施，所以项目管理有许多值得我们学习的内容。

2.1.4 产品经理的进阶能力

从产品经理到高级产品经理，再到产品总监与产品副总裁（VP），职位的进阶伴随着能力的进阶。在基础能力与专业能力不断夯实的基础上，产品经理还需要什么样的能力才能实现这样的进阶呢？

1．行业认知与商业嗅觉

雷军说"站在风口上，猪都可以起飞。"这样的比喻除了形容行业选择的重要性，还点明了决策者行业认知与商业嗅觉的重要性。

产品经理需要在了解产品业务模式的基础上完成产品设计。而业务模式背后是商业模式，所以产品设计需要支撑当前的商业模式，甚至带动新商业模式的产生。只有这样，产品才能走得更远。

其实，很多时候市场留给我们的商业决策时间特别短暂，这意味着留给我们的产品决策时间也很短暂。而在短时间内做出"正确决策"的前提，就是产品经理具备足够的行业认知与敏锐的商业嗅觉。

我们都想让产品变得美好，但是美好的前提是"活下来"。如果忽略商业模式，单纯地追求产品的"美好"，那么结局大多数是凄美的，这就是现实。

2．战略规划与产品运营能力

做好一款产品，不仅要做好产品设计与产品开发，还要用长远的眼光去判断市场走势，在行业认知与商业嗅觉的基础上，进行战略规划。然后有条不紊地开展后续工作，以达到事半功倍的效果。

在产品推进过程中，高阶产品经理还需要参与产品运营的策略制定。巧用运营策略，可以拉近产品与用户的距离，扩大产品的商业价值。

在此过程中，产品经理与运营人员的配合，就像武侠小说中的"双剑合璧"。如果产品经理自身具备运营策划能力，那他一个人就可以使出"双剑合璧"的大招。

3. 数据驱动能力

DT（Data Technology）时代的到来，意味着企业数据资产的地位得到了前所未有的提高，也意味着我们获取数据的方式得到了极大的丰富。

黑客增长概念已是老生常谈，"数据分析"和"数据可视化"也被人们越来越多地提起。高阶产品经理需要更深层次地思考数据背后的价值，拥有数据驱动产品设计与业务运营的能力，进而实现改善产品功能与提升产品商业价值的目的。

面对海量的业务数据，我们需要找到适用的数据处理与数据分析工具，而这属于数据中台的能力范畴。

除了上面介绍的内容，产品经理的进阶技能还包括团队管理、产品方法论等多种能力，这些能力也需要得到我们的关注。

可以说，产品经理向上走的每一步，都需要付出与之匹配的汗水，天赋之外讲究的就是水滴石穿的功夫，正所谓"苦心人，天不负"。

2.2 产品经理的通用工作流程

中台产品经理的日常工作，也需要遵循产品设计与开发的顺序。通过对各类产品经理工作流程的梳理，可以将其分为 4 个阶段：需求阶段、设计阶段、开发阶段和验证阶段。

下面就让我们对各阶段的工作目标与产出物进行简单的归纳和梳理。

2.2.1 需求阶段

需求阶段的工作内容对应着产品经理的需求分析与产品规划能力。在该阶段，产品经理的主要工作是明确业务目标，完成市场调研与商业分析，并根据调研内容进行产品规划与需求梳理。需求阶段的工作流程如表 2-1 所示。

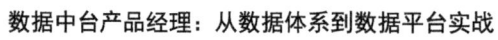

表 2-1 需求阶段的工作流程

工作流程	工作项	工作拆分	工作内容	产出物	工作任务
需求阶段	业务梳理	确定业务目标	明确业务目标，了解当期设计所要达到的目标；将产品战略与业务需求转化为可实现的目标，用一句话或几句话进行总结	可以贯彻执行的业务目标	—
		商业分析	分析当前市场环境与潜在的市场需求，完成市场调研	商业分析报告	—
		竞品分析	基于业务目标进行竞品分析，圈定竞品范围，进行操作体验；收集竞品数据，分析其功能实现逻辑	竞品分析报告、功能实现流程图、亮点功能截图	—
		场景分析	将业务目标进行场景拆解，参照 5W2H 原则，简单地理解为什么人、在什么地点、什么时候、用我们的产品做什么	场景分析思维导图、实体关系图	—
		需求建模	业务目标是通过多个任务完成的，将各个任务的实现过程进行归纳、梳理，就形成了业务流程图，同时将该过程中存在状态转换的关键量通过状态转换图进行展示	状态转换图、业务流程图	—
	需求梳理	数据信息结构	基于业务梳理中的产出物进行数据信息结构的梳理与归纳，尽可能地覆盖所有角色与场景	数据信息结构思维导图	—
		页面信息结构	页面信息结构可以简单地理解为产品的功能骨架，进行页面信息结构设计，其实已经算进入页面设计环节了，所以对于功能实现存疑的地方，要进行遗留问题记录	页面信息结构思维导图、用户故事表	—

2.2.2 设计阶段

设计阶段的工作内容主要包括原型设计、需求评审与 UI 评审等。设计阶段的工作流程如表 2-2 所示。

表 2-2 设计阶段的工作流程

工作流程	工作项	工作拆分	工作内容	产出物	工作任务
设计阶段	原型设计	原型设计	可由产品经理与交互设计师共同完成，如产品开发使用了第三方技术，需提前了解第三方技术对页面呈现与交互是否存在限制，原型评审通过后，可提交 UI 申请表	原型文档、UI 申请表	原型内部评审会
	需求评审	需求评审	原型设计评审通过后，进行需求完善，完成完整的 PRD 文档	PRD 文档	需求内部评审会、需求对外评审会
	UI 评审	UI 评审	对 UI 产出的效果图进行核对、评审	—	UI 效果图评审会

数据产品经理在该阶段的工作内容稍有不同，其主要工作输出是数据字典与数据结构设计，不过工作流程与上述流程基本一致。

2.2.3 开发阶段

开发阶段的工作内容主要包括项目跟进、产品跟测，以及上线准备与验收等。开发阶段的工作流程如表 2-3 所示。

表 2-3 开发阶段的工作流程

工作流程	工作项	工作拆分	工作内容	产出物	工作任务
开发阶段	项目跟进	需求澄清	需求澄清工作由两部分组成：互联网企业专指测试工程师（QA）需求澄清与开发过程中的日常需求澄清	需求澄清邮件	日常需求澄清

续表

工作流程	工作项	工作拆分	工作内容	产出物	工作任务
开发阶段	项目跟进	项目跟进	项目组晨会/晚会,把握项目进度,协调资源	—	项目晨会/晚会
	功能跟测	功能跟测	一般情况下,测试有三轮,产品在第二轮或第三轮进行产品功能验证,并在该过程中处理由QA或开发指派的Bug,包括给出产品解决方案由开发进行解决、延期处理且明确处理节点、不予处理	—	功能跟测、日常Bug处理
	上线准备与验收	上线准备	测试结束前,产品经理给出产品上线所需文案与产品介绍等内容	上线文案等	—
		上线验收	产品上线至线上环境,产品进行线上功能验证	—	线上验收

2.2.4 验证阶段

验证阶段的工作内容主要是功能验证,根据线上数据反馈收集产品需求后,重新进入需求阶段。验证阶段的工作流程如表2-4所示。

表2-4 验证阶段的工作流程

工作流程	工作项	工作拆分	工作内容	产出物	工作任务
验证阶段	功能验证	功能验证	目前各企业的产品开发大部分采用的是MVP模式,上线后会进入下一轮设计,在上述阶段进行循环;在日常运营中,由用户与运营所反馈需快速解决功能问题,由产品经理进行甄别与排期;同时,产品经理对于自己设计的功能需要进行持续验证,不断完善线上产品	功能需求池	收集产品需求,完善需求池、紧急任务的快速迭代

虽然各公司的实际工作流程有所不同，但是万变不离其宗，产品经理的工作都是从"需求梳理"到"产品落地"。

所以，大家不必因为各类书籍和文章介绍的流程有所不同而感到迷惑，差异性大多数是工作流程划分的标准与颗粒度不同造成的，整体工作流程所涵盖的工作项与输出物都是相同或相似的。

当然，中台产品经理具备其自身的特殊性。例如，在需求阶段，会相对弱化中台产品经理对商业分析与竞品分析的技能要求，而强化场景分析与需求建模的能力要求，在后续章节中会为大家详细介绍。

2.3 中台产品经理的特殊性

中台产品经理加上了"中台"的定语，那么和其他方向的产品经理相比，是否存在能力要求的不同？

2.3.1 更高的全局观与前瞻能力

第 1 章中提到中台是企业级产品，需要面向企业内部的每条业务线，因此中台产品的设计要考虑各业务线的交叉影响，要熟知企业各个产品体系。

这要求我们需要从企业视角与行业视角去看待中台产品设计，避免出现"只见树木，不见树林"的现象，需要抓住整体、抓住要害，拥有不计"一地一城"得失的境界。

从这个角度看，中台产品经理可以被称为"俯瞰全局"的观察者。

尤其是在数据中台落地建设过程中，中台产品经理面对的数据内容庞杂，数据来源繁多。这种难度远胜单一业务线数据体系的设计，对中台产品经理来说是一个极大的考验。

作为数据建设的推动者，我们需要拥有强大的战略和逻辑思维能力，来判断当下业务的关键流程，更要不受限于现有业务规模，理解业务接下来的发展方向，做好数据体系扩展性设计。

从这个角度看，中台产品经理又可以被称为"观往知来"的谋略家。

中台产品是服务全局的通用产品，这注定了对中台产品经理全局观的高要求；中台产品还是服务未来的可扩展产品，前瞻能力也自然成了中台产品经理的必备素质。

当然，并不是说通用型产品经理不需要具备全局观与前瞻能力，而是中台产品经理在该方面有着更加硬性的能力要求。

2.3.2 更强的沟通与协调能力

在企业级的中台的建设过程中，中台产品经理需要与多个需求、背景、想法各不相同的相关方合作完成中台的落地实施。在此期间，除了中台项目组本身配备的人员，还需借助大量的外部资源，如开发资源、测试资源等。

所以中台产品经理就像资源纽带，在兼顾各方利益的同时，借助着这些资源来实现中台的建设目标。

以数据中台的数据治理工作为例，我们需要从各业务系统中获取原始数据，然后进行指标的统一定义与梳理，最终形成规范数据，反哺业务系统。在统一指标口径时，既要各业务方配合对原有指标口径进行明确，又要将重新定义的指标宣贯给各业务线，一来一回所花费的时间很长。在此过程中，中台产品经理的沟通与协调能力就凸显了出来。

优秀的中台产品经理会让人如沐春风，在召开各类会议时，参与方可以畅所欲言，乐于合作。而沟通与协调能力较弱的中台产品经理，会让会议变成"批斗"大会，进而打乱整个项目的节奏。

如果说，通用型产品经理需要做到"你"满意，那中台产品经理就需要做到"你们"满意。

有人说过，沟通是个"深坑"，什么疑难杂症都能往里扔。在中台建设中，我们需要放下很多负面情绪，如偏袒、软弱、推卸、自私等，不断地强调信任与共识，让中台建设的参与方共同达成中台建设的愿景。

并不是为了建设中台而建设，而是为了解决企业所面临的问题而建设。所以，不能把中台建设方案与中台需要解决的问题混为一谈，更不能把中台建设当成负担，或当成新的问题。

中台建设团队成员在愿景上必须达成一致，一致性的宣贯除了依靠自上而下的管理压力，还要依靠中台产品经理的沟通与协调能力。

第 3 章

数据中台的建设与规划

从产品经理的能力要求上讲,数据中台产品经理与业务中台产品经理存在很多能力的重合点,而且数据中台的建设既包含了平台功能类的数据产品建设,又包含了数据领域类的数据体系建设。所以本书作为一本产品类的书,笔者选择以数据中台为叙述主线,希望带给大家更多的阅读空间。

《孙子兵法·谋攻篇》有曰:"知彼知己,百战不殆。"

既然选择以数据中台为讲述主线,在本章中,就让我们一起对数据中台的产品定位、内容组成,以及数据中台的建设思路进行探究,进一步加深大家对数据中台的了解。

3.1 数据中台的产品定位

有人将企业的数据比作石油,将数据中台比作炼油厂,由此来说明数据中台是提升企业数据价值的存在。不过,笔者觉得这样的比喻稍显片面,因为数据中台不仅需要完成数据的加工与提纯,还需要完成数据加工前的采集,以及数据加工后的服务封装等工作。

想让数据中台的产品设计与功能创新的方向不失准,需要产品经理更加全面地认识数据中台,了解数据中台究竟拥有什么样的能力。在第 1 章对数据中台价值的内容阐述中,我们对数据中台的能力进行了一些介绍,但有些抽象,不够具体。

如果从数据由无到有,再到产生价值的角度去分析,数据中台需要采集数据作为原材料,进行数据加工、数据建模,然后分门别类地储存,再根据实际的业务场景,打造各类数据服务(含数据应用平台),从而实现对业务的赋能加速。

在上述流程中,数据中台体现出了"采""存""管""用" 4 项能力,即对企业数据的采集接入、加工存储、统一管理与数据服务 4 项能力。

3.1.1 采,采集接入

俗话说,巧妇难为无米之炊。所以,有米才能做饭。

数据中台的建设背景是当前企业内外部数据存在大量的数据孤岛,各业务系统之间相对独立,而面向用户的系统与产品还在不断地产生新的浏览与消费数据。面对不同类型的数据源,完成数据的采集与接入,就是数据中台"找米"的过程,也是数据中台建设的第一步。

所以,数据中台需要一套标准执行的数据采集方案来确定哪些数据是可以实时采集的,哪些数据是需要离线采集的,以及数据拉取频率是多少。

这些内容因企业而异,所以我们无法给出一个标准答案,只能说适用就好。

3.1.2 存，加工存储

通过数据采集与接入，我们获取了海量的原始数据。如果只是将这些数据原封不动地换个存储地，是不会产生价值的。因此，数据中台要对数据进行整合与完善，打造出具备业务意义的企业级全域数据体系，然后传输到大数据平台进行存储。

数据的整合与完善，就是数据加工。在进行数据加工之前，需要由数据产品经理提供"加工方案"，这就是数据建模。

对于数据模型的设计数据产品经理需要熟知公司业务流程，通过对业务数据的抽象与组织，确定数据范围与数据实体之间的关系。

数据模型的合理与否，直接影响着数据中台的数据质量。因为数据模型提供着企业级的数据视角，业务方与中台建设团队需要通过数据模型达成数据需求的共识。所以，建立适用的数据模型，才能服务好业务，拓展出更多的数据应用场景。

在第 4 章与第 5 章，笔者会为大家讲述数据建模的操作流程，这也是数据产品经理的主要工作职责之一。

3.1.3 管，统一管理

数据的采集接入与加工存储（数据处理）是数据中台建设的地基，在"地基"建设过程中，我们需要确保数据的一致性与可复用性，这要求企业建设规范的、统一的数据标准，需要具备一套可执行的数据资产管理制度。

有人说数据中台建设就像"治理环境污染"，是一个"先污染后治理"的产物，而统一的管理制度就是为了避免数据中台建成后，再次出现"污染事件"，从而确保公司数据口径的统一性。

数据资产管理的基础是元数据管理，简单理解就是数据标准管理。当因为业务新增或者其他原因而产生新增数据时，可以按照数据中台提供的规则，自动纳入企业全域数据体系内。这是确保企业具备统一数据视图的有效手段，也是一个可以长久获益的有效举措。

3.1.4 用，数据服务

数据服务是数据中台的价值体现，如果数据只进不出，那数据中台就成了"貔貅"。因此，能否对外提供有效的服务，是数据中台成熟度的衡量标准。

其中，数据共享是最直接的数据服务方式，因为数据中台打通了各业务线之间的数据壁垒，避免了各业务单元跨部门数据申请的烦琐操作，降低了跨业务数据分析的难度，提升了数据应用在业务实践中的作用。

除了数据表申请的方式，数据中台还可以按照数据模型对数据进行服务封装，通过标准的数据接口对外输出自己的能力，并且将数据对接的流程可视化，提供数据服务可视化管理页面。

除此之外，基于数据中台的全域数据，结合算法模型等内容，还可以打造出更加智能的数据可视化系统与数据运营系统。例如，在数据中台体系下，BI平台焕发出了更强的生命力，结合全域数据获得了更多的数据可视化场景，为业务分析提供了更多的可能性。

3.2 数据中台的系统与服务

在 3.1 节（数据中台的产品定位）中，我们提到数据中台需要具备"采""存""管""用"4 项能力，能力体现需要由对应的系统与产品作为支撑，那么数据中台到底需要哪些系统呢？或者说，数据中台体系下究竟需要建设哪些平台功能呢？

经过梳理，我们觉得数据中台最少应该具备图 3-1 所示的功能模块。

总体来说，数据中台的功能架构由大数据平台、数据资产管理平台与数据服务平台三大部分组成。其中，在数据服务平台中，自助分析平台与标签管理系统的应用场景最为广泛。下面，就让我们分别了解一下。

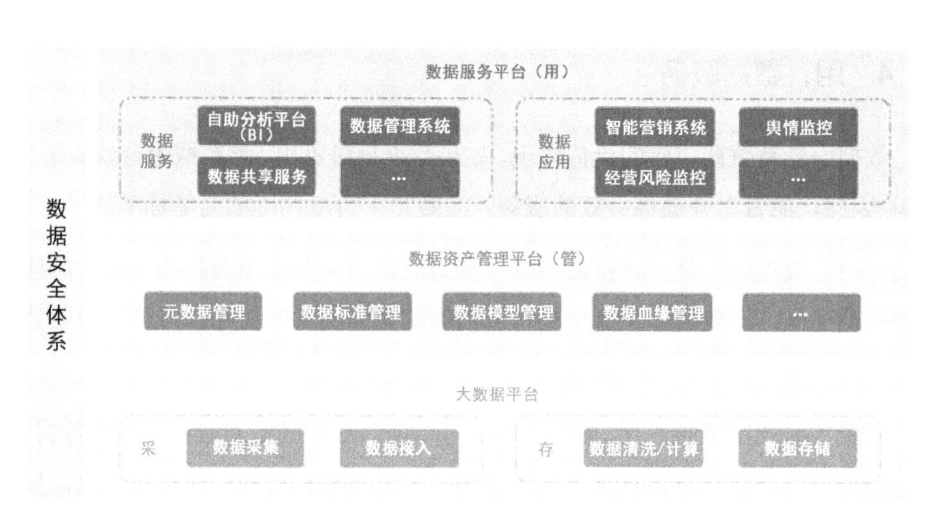

数据中台产品经理：从数据体系到数据平台实战

图 3-1　数据中台架构简图

3.2.1　大数据平台

大数据平台是数据中台的基座，我们也可以把大数据平台称为大数据开发平台，它需要具备与大数据相关的开发能力，提供数据存储、数据清洗/计算、数据查询展示及权限管理等功能。那么，应该如何建设上述功能与服务？是不是拥有了上述能力就等同于成功打造大数据平台了呢？

带着这两个疑问，笔者查询了很多资料，也浏览了不少技术论坛中有关大数据平台的分享资料。

最终，笔者发现各公司的大数据平台系统架构其实大同小异，各类架构都包含了数据采集组件、数据存储组件、数据计算引擎、数据权限与安全组件，以及集群管理与监控组件等。

除了少数像阿里这样倾力打造自研"飞天"系统的企业，其他企业在底层组件选用上，还是以 Hadoop 生态构建的技术体系为主，依托各类开源组件进行优化改进与二次开发。例如，数据存储组件可以选择 HBase、Hive 等组件，数据计算引擎可以选择 Spark、Flink 等分布式计算引擎。

既然大家选用的组件相同或者相似，那为什么最终各企业大数据平台的服务能力还是存在差距呢？这有些类似于购买零件组装台式电脑，零件不需要选最贵的，而是要根据实际需求来选择最适合的。

好用的大数据平台需要拥有为用户解决问题的能力。因此，数据中台的大数据平台建设不是比拼引用了多少新技术、覆盖了多少技术组件，而是要看它能否解决数据中台建设中所面临的复杂数据现状，能否成为数据中台打破数据壁垒的技术保障，能否提供简洁有效的数据处理工具，如提供自助配置式的数据采集与数据清洗工具等，以及能否提供更多的附加价值。

数据中台的大数据平台建设，可以避免各事业部技术团队各自搭建大数据集群所带来的资源浪费。统一的、成熟的大数据平台对企业来说，不能一蹴而就，需要循序渐进、分步实施，在持续迭代中构建企业的大数据平台生态。

3.2.2 数据资产管理平台

随着大数据平台的建设，构建数据中台的数据体系成为可能，通过对各业务线数据的归类整合，我们可以构建出各个数据主题域，完成数据的规范存储，形成数据资产，进而完成数据资产管理。

在数据中台体系中，数据资产管理平台主要由元数据管理与数据模型管理组成，下面让我们分别了解一下。

1. 元数据管理

讲述元数据管理，我们需要先弄清楚什么是元数据。

按照传统定义，元数据是关于数据的数据。还有一个容易混淆的概念为源数据。关于两者的不同，我们可以举例说明一下。

2020年抗击新型冠状病毒（肺炎）疫情期间，人们返回北京需要填写健康排查承诺书、旅客信息登记表（见图3-2）等问卷，这些问卷一般包含姓名、身份证号码、填报日期、上车站（从何处返回）、出行方式等信息。根据人们所填写的内容，防疫部门可以初步掌握返京人员的基本情况。

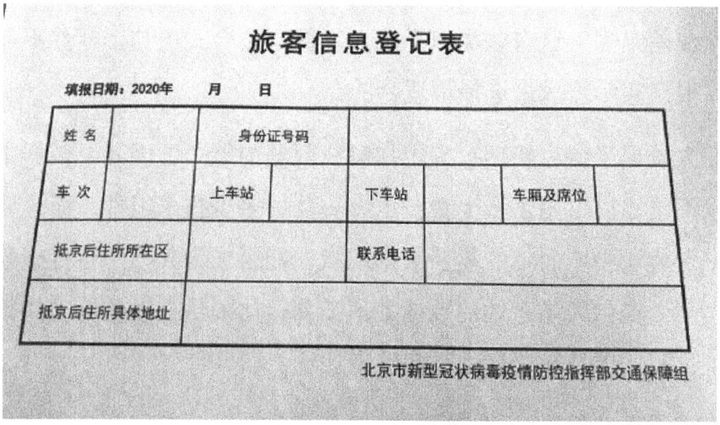

旅客信息登记表

填报日期：2020年　　月　　日

姓 名		身份证号码					
车 次		上车站		下车站		车厢及席位	
抵京后住所所在区			联系电话				
抵京后住所具体地址							

北京市新型冠状病毒疫情防控指挥部交通保障组

图 3-2　旅客信息登记表（实拍图）

在这个示例中，“姓名”“身份证号码”“填报日期”等就是元数据，它们用来描述具体的数据或者信息，告诉人们应该填写什么内容。而大家填写的内容汇集成的数据明细，就是返京健康排查工作的源数据。

当然，在防疫工作中，防疫部门还会结合铁路、运营商等多部门的线上数据，丰富防疫元数据，正是这样的应用才让大数据在防疫工作中崭露头角。

在数据库中，每一张数据表的表名、创建信息（创建人、创建时间、所属部门）、修改信息、表字段（字段名、字段类型、字段长度等），以及该表与其他表之间的关系等信息都属于这张数据表的元数据。

其实，元数据有多种分类方式，笔者更倾向于按照元数据的用途来区分，总共分为三类：业务元数据、技术元数据和管理元数据。

- **业务元数据：**描述数据的业务含义、业务规则等，包括业务规则、数据字典以及安全标准等多项内容。通过明确业务元数据，让人们产生统一的数据认知，消除数据歧义，让不懂数据库的业务方读懂数据表的内容。
- **技术元数据：**描述数据源信息、数据流转信息及数据结构化信息，主要服务于数据开发人员，让开发人员明晰数据表结构与所依赖的上下游任务，主要包括库表字段（存储位置、数据库表、字段长度和类型）、数据模型、ETL 脚本（调度信息）与 SQL 脚本等。
- **管理元数据：**描述数据的管理归属信息，包括业务归属、系统归属、运维归属以及数据权限归属等信息，是数据安全管理的基础。

所以有人说，元数据记录了数据从无到有的全过程，就像一本有关数据的"字典"，让我们可以查询到每一个字段的含义与出处，同时它又像是一张"地图"，让我们可以追溯数据产生的路径。

通过对数据体系的建设，数据中台的元数据汇聚了企业各业务线与各系统的数据信息，让数据中台具备了提供全域数据资产视图的能力，实现了统一数据资产查询与获取入口的目标。

元数据管理包括对元数据增删与编辑管理、版本管理、元数据统计分析与元模型管理。通过上述功能模块，有计划地进行数据体系的落地实施，实现数据中台元数据的结构化与模型化，这样既可以避免元数据出现杂乱与冗余的现象，也便于用户查询与定位数据。

2. 数据模型管理

介绍元数据时，我们提到技术元数据中包括数据模型，这里的数据模型就是指使用元数据进行数据建模的工作产物。

根据底层数据的使用情况，如数据表的关联信息、SQL 脚本信息（数据聚合与查询信息等），来获取元数据，可以更好地完成对业务的抽象，提高建模效率。

数据模型是数据整合的有效手段，它完成了各数据源之间的映射关系设计，为数据主题建设提供了"实施图纸"。

同时，在数据建模过程中，通过明确数据标准，可以确保数据的一致性，还可以消化冗余数据。关于数据建模的操作步骤，我们会在后续章节中为大家详细介绍。

至于数据模型管理，其是指在数据建模过程中，通过既定的数据模型管理制度，实现对数据模型增、删、改、查的管理，同时遵守数据标准化与数据统一化的要求，确保数据质量。

3.2.3 数据服务平台

1. 自助分析平台

自助分析平台，也就是商业智能平台（BI 平台）。BI 平台目前已经是很多企业的标配，BI商用市场的行业竞争日趋激烈，进场者可以分为如下3类。

- 国内BI厂商，如帆软、BDP等。
- 国外BI厂商，如Tableau、Power BI等。
- 互联网大厂内部孵化，如阿里Quick BI、网易有数等。

但是，目前也有很多企业在建设自研的自助分析平台。尤其是在数据中台建设后，企业完成了数据治理工作，拥有了标准的数据口径，依托优质的数据资产，自助分析平台的作用将会得到放大。因为统一的、标准的数据可以提高数据分析的准确度，最终输出的分析决策也会更加可靠，而自建的BI平台更契合企业的实际情况，可以与企业业务更加紧密地结合在一起。

BI平台是数据中台服务能力的主要输出方，所以需要将BI平台建设划分在数据中台体系下。综合来看，BI平台应该具备如下能力。

1）数据接入

除了数据中台的自有数据源，BI平台还需要支持外部数据源的接入。其接入方式，主要有如下3种。

- 文件型：支持Excel等文件数据的上传。
- 数据连接型：支持Mysql、Oracle等数据库，以及Hadoop、Spark等大数据平台（数据中台的大数据平台也在此列）。
- API读取：支持通过API获取第三方系统数据。

2）数据处理

BI平台会为用户提供数据建模工具，帮助用户创建目标数据（数据集），其提供的功能包括拖拽表字段、自动识别维度/指标、自定义视图语句、预览数据、设置虚拟字段、函数计算、设置参数等基本操作，以及多源异构的JOIN/UNION等数据处理功能。

3）数据分析与可视化

在数据处理的基础上，BI平台还需要为用户提供丰富的图表制作和联机分析处理（OLAP）操作，让用户在前端页面完成数据分析与数据可视化等工作。

其操作流程如下：用户选择处理后的数据集，对维度与指标进行筛选过滤，然后通过上卷下钻、图表联动、报表跳转等操作，完成业务需求的分析，同时 BI 平台会为用户提供可视化图形组件，使其最终完成可视化内容的设计。

4）内容分发与基础服务

BI 平台需要具备分发可视化内容，并进行查看权限与数据权限控制的能力。主要的分发方式包括 BI 平台、移动 BI（App）、数据大屏、邮件、链接访问，以及第三方嵌入等方式。

同时 BI 平台还需要具备基础的运营管理、角色管理、帮助中心与消息推送等功能。

基于上述功能，BI 平台（自助分析平台）具备了多维分析、数据可视化与数据大屏等服务能力，有效地帮助分析师与运营团队提升了工作效率。关于 BI 平台的设计操作，在第 8 章中会为大家详细介绍。

2．标签管理系统

目前，业务部门面临着大量的精准营销场景，这些千人千面的推荐、推送需要基于一个完善且准确的用户画像来实现，而用户画像的构成又需要由大量、全面的用户标签来支撑。

因此，标签数据作为个性化业务应用的基础数据，其可信度与有效性就成了衡量用户画像成熟度的关键指标。

我们可以把标签管理系统看作用户画像系统的基座，基于数据中台打造的数据体系，可以顺其自然地打通标签治理中的数据壁垒，构建企业级的、统一认可的用户标签体系，并由此打造一个企业级的用户画像系统。

数据中台的标签管理系统，主要具备以下功能。

1）用户唯一性识别

很多企业内各业务线都有自己的独立用户识别体系，如在 58 集团内就有 58 设备指纹、安居客唯一用户、招聘自然人、金融自然人等多种用户识别方式，但是这些识别方式大部分是服务于单一业务线的，各业务线内的标签也是面向本业务的独立用户标识进行研发的。

数据中台的标签管理体系，可以提供统一的用户识别服务，将各业务线的独立用户标识进行关联和统一，从而打通面向整个企业的独立用户识别和标签交互转换方案。

2）标签体系管理

标签体系管理的主要工作是制订标签数据和信息交互方案，打通用户画像研发和服务中的信息及数据壁垒，提供标签接入、可视化标签信息展现、可视化标签权限控制、可视化用户标签分析、可视化人群定向提取与可视化相似人群扩展（Lookalike）等功能。

3）标签数据服务

标签管理系统，需要提供用户画像研发和应用过程中涉及的标签提取与查询等服务，以标准化服务接口（API）的方式将相关解决方案提供给各业务方，支持业务方基于数据中台的能力，打造业务线的个性化服务。

关于标签管理平台与用户画像的内容，在第9章中会为大家详细介绍。

3.3 数据中台的建设思路

在前文中，我们提到数据中台建设是一个系统性工程，不能一蹴而就，需要步步为营。因此，在数据中台规划阶段，我们应弄清楚数据中台究竟需要归拢哪些数据，并判断出与其数据量相匹配的集群配置，以及规划出建设哪些系统来支撑数据中台。

通过对数据中台总体规划与建设方法论的梳理，笔者认为可以用一句话来概括："**一个方向，两条腿走路，三步走向成功**。"

- **一个方向**：利用数据中台融通企业数据资产，确保业务发展的方向不动摇。
- **两条腿走路**：数据体系建设与数据平台建设同步进行，提高数据中台建设的能见度。
- **三步走向成功**：从数据治理到数据服务，再到数据智能服务，分三步完成数据中台建设。

3.3.1 一个方向

我们反复提到，数据中台是根据企业的实际情况所打造的数据产品与实施方案的结合物，同时也是一种战略选择与运营解决方案，是一套行之有效的数据运营机制，最终可以打破数据隔阂，挖掘出更多的数据资产价值。

通过上述定义，我们可以体会到，数据中台旨在击破部门壁垒，实现真正意义上的数据融通，这仅靠技术支撑是无法实现的。

数据中台的构建，需要将企业各业务线与部门的数据收纳进来，还要求大家共用一个大数据平台，这不可避免地会改变各部门原有的数据流转模式与数据开发模式。

这样的工作推进，显然不是一个团队就可以完成的。因此，数据中台建设需要凭借适度的企业组织架构支撑、明确的战略地位与强有力的"坐镇者"，从而获得自上而下的执行力。只有这样，才能"遇水架桥、逢山开道"，平稳地推动数据中台的落地实施。

具备了上述条件，我们还需要明确前进方向。虽说"千里之行，始于足下"，但这是奔着目标去的"千里之行"，如果是"左顾右盼""一步三摇"地往前走，只会是事倍功半。

对数据中台建设来说，其方向就是融通企业数据资产、驱动业务发展。

前者是项目基础，后者是服务目标，两者综合起来就是数据中台的建设方向。至于落地到产品与服务，则需要再次聚焦。那么，到底该怎样往前走呢？

3.3.2 两条腿走路

一个完善的数据中台，包含了企业几乎所有的业务数据，又拥有大数据平台与各类数据工具。如果想要在有限的时间里创造更大的价值，就需要考虑到底该怎么做，才能按照既定的建设方向向前走。

在前面我们提到数据中台包括数据体系和数据平台两部分，这两者依赖的开发资源不同。**数据体系建设更多依赖于数据开发人员和数据产品经理，而数据平台建设更多依赖于服务端开发人员（Java/PHP 等）、前端开发人员（Web 与移动端）和数据平台产品经理。

因此，我们可以"两条腿走路"，让数据体系建设与数据平台建设同步进行，而且在建设中，需要秉持一个原则，那就是优先完成"能见度"高的项目内容。

数据中台建设是一场持久战，我们要让参与方与管理者尽早看到一些项目成果，这样才能增强大家对数据中台建设的信心。

关于"两条腿走路"的建设方式，笔者需要补充说明一些内容。

1. 数据体系建设

业务数据盘点是一项耗时耗力的工作，如何高效地开展该项工作就成为一个问题。

这要求我们在数据中台建设的过程中，站到更高的层面去思考问题，以企业整体利益为出发点，而不是陷入某一个具体业务逻辑中。

在实际建设过程中，我们不可能"一口吃成一个胖子"，一气呵成地完成各业务线的数据梳理，应该由点及面，从主要业务线开始，让业务线的同事看到数据中台的成果。不过，由点及面的前提是保持对"面"的思考。

2. 数据平台建设

大数据平台作为开发工具，需要建设的数据工具繁多，底层的数据存储与计算都很重要。在数据存储与计算能力建设上，要充分考虑企业的数据量级，要有"但求最好，不求最贵"的心态。

而数据服务平台的建设，则是数据平台产品经理大展身手之处。数据服务平台各系统的建设，可以避免各业务线的重复建设，降低业务方使用数据工具的门槛。

在建设过程中，数据平台产品经理应该注意以下两点。

- 提高业务理解范围，充分抽象各条业务线的使用场景，基于完整的业务链条完成产品设计。
- 注意产品的拓展性，充分考虑业务的变动性，预留业务场景的定制空间。

这两点能力，正是数据平台产品经理与业务中台产品经理所需能力的相似之处。聚焦数据中台建设上来，对数据中台体系下各类数据产品的打造，如果不是从零开始的，那就要着眼数据中台全局，针对该产品进行局部优化，然后逐步完成平台化演进；如果是从零开始的，自然是缺什么，就补什么了。

3.3.3 三步走向成功

数据中台终究要服务于业务，所以对于业务线来说，数据中台的核心能力就在于它所能提供的数据服务能力。

那么，如何建设数据中台的服务能力，就是值得我们思考的问题。在此，我把它总结为"三步走向成功"：**从数据治理到数据服务，再到数据智能服务。**

1. 数据治理

杂乱无序的数据现状是数据中台诞生的主要原因，而数据中台建设的第一步就是完成数据治理工作。

统一数据口径，打破数据隔阂，疏通原本拥堵在各个业务系统的数据"堰塞湖"，让其汇流到数据中台的"汪洋大海"之中。

最终，我们能在数据中台查询与使用各业务系统的数据，并且能够追溯数据资源产生与加工的整个流程，还可以及时获取各类数据的当前状态、使用频率等指标，以此来评估数据资产所产生的业务价值。

2. 数据服务

前文中提到过数据共享是最直接的数据服务方式，尤其是在完成了数据治理之后，统一、标准的数据可以被各个业务系统引用。此外，数据中台会按照数据模型对数据进行服务封装，由此提升数据资产的使用价值。

另外，结合数据中台所打造的数据平台工具，还可以为业务方提供更多便捷的大数据服务（如自助分析、用户标签与用户画像等）。

3．数据智能服务

当数据中台具备了海量的数据与完善的数据开发体系时，这个组合便可以碰撞出无限的可能性。除了常用的数据服务，数据中台还可以结合业务场景，引入更多的算法模型，让 AI 成为数据中台能力的一部分。

关于数据智能服务，可以用第 1 章中提到的一句话来总结：数据处理能力、数据模型能力与数据应用能力决定着数据中台的能力下限，而算法能力将拔高数据中台的能力上限。

我们要相信，在企业数智化建设的道路上，数据中台与 AI 的结合，会让数据能力成为一种新的生产力。

本章介绍了数据中台的产品定位、内容组成与建设思路，将数据中台需要的产品经理分为数据产品经理与数据平台产品经理两类。在后续章节中，我们将一起了解对数据产品经理与数据平台产品经理的能力要求，以及他们在数据中台建设过程中的工作内容。

第4章

数据产品经理的"功守道"

在过去，企业数据大多以数字、文字、图像等方式离线存储在本地。随着企业信息化程度的逐步提高，企业内部流转的数据日益丰富，这些数据存在于企业各个系统中，支撑着企业的内外部业务。

随着网络的普及，企业在互联网（包括移动互联网）上产生了大量的交易数据、用户访问数据、用户行为数据等，这些堪称海量的数据里蕴含了巨大的商业价值，伴随着商业价值的挖掘，数据产品经理应运而生。

如今数据中台让企业管理者看到了打破数据壁垒、贯通内外部数据的可能，这也是进一步标准化数据产品经理工作内容的起点。

那么，数据产品经理的工作内容到底包含了什么？数据中台的数据产品经理又是什么样的呢？

4.1 "天条制定者"——数据产品经理

数据产品经理，最直白的解释就是和数据打交道的产品经理，但这样的解释太过宽泛，如同说白面馒头是白面做的馒头一样，没有什么实际意义。

作为产品经理的细分领域，数据产品经理承接着各种数据支持的工作，又肩负着各类数据体系建设的重担。

如果把数据比作浩瀚的大海，那么数据产品经理就是深谙这片大海，并为其制定洋流、风向等规则的"天条制定者"。这样的比喻，才符合数据产品经理的"气质"。

4.1.1 数据产品经理的工作场景

可能"天条制定者"这样的比喻仍不能满足大家的好奇心，因为大家想要更细致地了解数据产品经理究竟在干什么，或者想了解别人家的数据产品经理在干什么。

下面，我们以 A 公司的数据产品经理小佟为例，还原一下数据产品经理工作中的实际场景。

1. 数据支持的场景

场景 1：公司下周召开高层管理者会议，老板需要和与会者一起分析公司近期的经营情况。

老板：小佟，我下周要开公司高层会，除了收入报表的内容，你再给我准备一下近期各业务线流量趋势的相关数据。

小佟：好的，老板……

场景 2：公司各业务线正在积极备战"11.11"。

服装线运营总监：小佟，麻烦你把第三季度服装品类与用户性别、年龄、月均消费区间等维度结合起来取一下数，我们需要这些数据来辅助制订"11.11"

的运营计划。

服装线商务总监：小佟，麻烦你把第三季度服装品类下入驻商家的订单量、人均消费额还有用户复购率提供一下，我们需要筛选出一批重点客户进行销售支撑。

某某总监：小佟，麻烦……

小佟：好的，各位总监，不麻烦，不麻烦。

上面描述的两个场景是大多数公司中数据产品经理的工作常态，他们周而复始地面对着这些数据需求，和数据开发工程师、报表开发工程师一起取数、对数、给数。

最终工作成果的展现形式也有很多种，可能是微信中的一张截图，可能是邮件中的一个附件，也可能是 BI 系统中的一张报表。

当然，数据产品经理会努力将临时性的数据需求聚类成一个个固定模板，从而实现数据流转的自动化。但是功能总要从无到有，这也是数据产品经理的成长过程。

2. 数据体系建设的场景

场景：公司正在推进职能数据融通治理的工作，人力、行政和财务的数据共享需求大，但数据口径多样，还有很多维护在线下的数据，小佟正在组织职能数据治理中有关"公司主体"的会议。

小佟：目前，职能数据中的公司主体信息包含了公司名称、统一社会信用代码、注册地、法人、注册资本和经营范围等多个字段。因为在人力、行政与财务的很多系统中都会用到公司主体的相关信息，所以想和各位了解一下，目前各系统都是从哪里取用的这些信息？

人力：eHR 系统里有很多模块都会用到，如员工管理模块中的签约主体和发薪主体，目前公司大概有近百个分公司，也就是有近百个公司主体，所以 eHR 系统本身就有公司主体管理模块，由我们 HR 来维护。

行政：行政这边也会用到，如物料、库存及办公地址管理都会用到公司主体，不过我们行政人员在用 Excel 表进行线下维护。

财务：财务这边的各个系统也会用到，如合同系统里的合同签约主体，但是财务使用的主体信息是从后台系统部维护的主体管理系统中读取的。

　　小佟：那就是说，目前 eHR 系统、主体管理系统，以及行政线下的 Excel 表都在维护公司主体的相关信息，如果需要跨系统统计公司主体的相关数据，大家是怎么处理的？

　　人力、行政、财务：数据量小的时候，我们可以线下统计，数据量大的时候，还是让数据产品经理想办法吧！

　　小佟：……

　　在上述场景中，为什么数据量大的时候，就需要数据产品经理出马了呢？因为相同的一个公司主体在不同系统中除了 ID 不同，有时甚至连字段详情都是不一样的。在这样的数据基础上完成数据统计，绝非易事。

　　举个例子，现在某公司主体中的公司名称是"月光坦克（北京）科技有限公司"，人力 eHR 系统储存的是"月光坦克北京分公司"，行政线下维护时使用的是"月光坦克（北分）"，财务系统使用的是"月光坦克（北京）科技有限公司"。那么问题来了，我们该怎样找出各个系统中相同的公司主体，又该如何实现跨系统的数据统计呢？

　　解决上述问题是数据产品经理推进数据治理需要迈过的首个门槛，也是大部分数据体系建设项目的起点，而数据治理又是保障数据可用性、完整性与安全性的必经之路。

　　在这个系统性的工程中，数据产品经理既是实施方案的设计者，又是实施方案的推进者。从方案设计到方案落地，数据产品经理除了"过关斩将"，还要时不时地"舌战群儒"，本书第 5 章会为大家再次介绍数据治理的趣事儿。

3. 数据产品经理的主要工作内容

　　知乎"大 V"何明科说过，数据产品经理这个职位其实是一个跨界的职位：需要懂程序，做数据收集及清洗；需要懂产品，了解内外部用户需求和理解市场；需要懂数据，用数据的方式证明、证伪及发现问题。因此，数据产品经理的工作职责是解释、验证、探索与传播。

了解了上述内容，再结合我们描述的数据产品经理的工作场景，就可以明确数据产品经理的工作内容了。

1）数据支持工作

数据支持工作主要包括以下几点。

- **临时性数据需求**：解决诸如示例中提到的产品流量趋势等数据问题，通过取数、对数、给数等环节，完成此类工作。
- **业务与产品验证**：企业，尤其是互联网企业，新增业务与产品迭代的频次日益增高，在这样的背景下，数据产品经理需要通过对数据的挖掘与分析，完成新业务与新功能的效果验证。
- **业务决策辅助**：在数据体系相对完善的基础上，利用数据，模拟与验证新的业务模式是否可行，让业务决策者的判断拥有可信赖的数据依据。

2）数据体系建设

数据体系建设主要包括以下几点。

- **数据指标体系建设**：从数据获取、梳理指标、统计口径到统计规范的输出，再到数据建模与数据开发跟进，以及最终的数据验证，这些工作是业务与产品数据体系的基石，也是数据产品经理的核心工作内容。
- **数据接口设计**：各系统间数据互通的实现方式是拥有可调用的数据接口，完成这些数据接口的设计是数据流通的基础。
- **数据可视化设计**：数据受众希望其所获得数据的呈现方式易读易懂，这是数据可视化日益火热的原因，同样也是数据产品经理与数据平台产品经理工作交集的部分。

除了上述工作内容，企业在推进用户画像、个性推荐与风险把控等数据类项目时，数据产品经理同样会深入其中，但其主要工作内容仍然在数据支持与数据体系建设的范畴之内。

4.1.2 数据产品经理与数据分析师

通过4.1.1节（数据产品经理的工作场景），我们初步了解了数据产品经理的工作内容，却不禁会产生一些疑惑，如有人会觉得数据产品经理和数据分析师岗位相似，想要了解两者究竟有何区别。

数据分析师的诞生早于数据产品经理，在互联网诞生之前，就有不少传统企业配备了数据分析师团队，有些企业将数据分析师称为商业分析师或者战略分析师。我们常说的数据分析师是**指在不同行业中，专门从事行业数据搜集、整理、分析，并依据数据做出行业研究、评估和预测的专业人员。**

单从工作内容上看，数据产品经理与数据分析师确实有相似之处，因为他们都在与数据打交道。但是，当我们仔细琢磨两者的工作场景时，就会发现两者之间存在很大的差别。

首先，数据产品经理会通过数据体系建设，完成业务数据的抽象，以产品化的方式输出数据成果，而数据分析师更多的是在解决业务的具体问题，关注的是数据变动背后的逻辑与原因，从而完成解读与预测。

其次，数据产品经理本质上是产品经理，是在输出产品解决方案，只不过圈定在了数据产品方向上；而数据分析师本质上是分析师，是在输出商业解决方案，只不过他们是在运用数据达成工作目标。

从某种意义上讲，数据分析师是数据产品经理的需求方，数据产品经理除了满足数据分析师的各种取数需求，还会将数据分析师的一部分日常工作转化为数据产品，如用户行为路径分析、用户画像等数据产品。

除此之外，数据产品经理在数据体系建设上的努力，恰好是为了给数据分析师提供更加全面与规范的数据，同时还降低了数据分析师获取数据的门槛。而数据产品经理与数据平台产品经理所打造的自助分析平台，则是数据分析师工作输出的主要出口。

为了让大家更好地了解这两个岗位，我们从招聘网站中检索了一些数据产品经理与数据分析师的岗位职责描述（Job Description，JD），梳理后如表4-1所示。

表 4-1 某公司数据产品经理与数据分析师 JD 中的关键信息

	数据产品经理	数据分析师
工作职责	负责业务指标管理，元数据维护、数据可视化、数据质量监控、需求对接、数据提取和计算等； 通过对产品业务的研究分析，搭建相关数据指标体系，在业务洞察、用户洞察、结果归因、精细化运营等方面通过数据驱动产品业务发展； 探索和引入行业先进的数据产品及规范，实现业务深度数据化，促进数据高度价值化，从数据视角发现业务问题，赋能业务发展； 主导跨部门沟通及项目推进、资源协调及落实，根据业务需求和团队规划判断优先级，提升研发工作效率，推进相关数据项目的执行及落地	负责搭建核心的业务管理分析体系，按周期输出运营管理日/周/月报表和分析报告； 负责目标管理，制定、追踪、运营目标，对异常数据或薄弱环节进行原因分析，做出预警，给出改善意见，促进目标达成； 分析业务效率等核心指标，为城市提供业务策略及工具支持，推动业务漏斗转化效率，为经营管理提供数据支撑和决策建议； 负责业务数据深度挖掘，搭建管理数据库，研究数据的关联分析与总结，持续迭代； 对关键专题进行深入研究并提供解决方案
岗位要求	善于沟通，具有服务意识及良好的团队合作精神，具备较强的项目管理经验； 对数据敏感，逻辑性强，有一定的数据统计和运营分析能力； 熟悉运用 SQL，对前端 BI、底层 DB 有深入的了解，能够独立完成基础数据的探查工作，掌握 Hive、Spark 等大数据工具者优先； 熟练使用 Axure、Xmind、Excel、PPT 等产品工具	具备经营管理或数据分析相关工作经验者优先； 有管理业务和支持业务经验者优先； 具备强烈的责任感、事业心、良好的沟通能力，有耐心，细心，以及具有严谨的逻辑思维能力

通过表 4-1 的内容对比，我们可以看出，在企业数据领域数据产品经理主要负责战略与"后勤保障"，而数据分析师主要负责战术与"攻城突击"。

随着数据中台的兴起，企业数据资产愈加体系化，供两者发挥的舞台会越来越大，两者的合作机会也会越来越多。本书第 6 章，会介绍两者合作的实际案例。

4.1.3 数据中台的数据产品经理

在过去，传统数据平台更像支撑性技术平台，为了完成某些特定的业务目标，从而将业务数据化。随着企业数据中台的实施建设，沉淀在各个系统的数据被收拢在一起，通过中台的能力实现了数据业务化。

数据中台建设的起点是数据治理，就像前人统一度量衡、打破"藩镇割据"一样注定步履维艰。数据中台建设的过程又是动态变化的，因为中台服务于前台，而前台业务本身就具有变动性，数据中台的建设内容自然要随之不断地适度微调。

因此，数据中台的数据产品经理既要完成数据体系设计，让原本无序或庞杂的数据变得"规矩"，又要根据业务场景的变化，不断调整项目内容，推进项目进度。

那么问题来了，数据中台的数据产品经理与常规数据产品经理相比有什么不同吗？

对数据中台的数据产品经理来说，诸如业务逻辑梳理、指标体系设计、数据建模与可视化设计等能力依旧是傍身技能，但是数据中台建设规模大与动态变化多等特性，导致数据中台的数据产品经理在运用上述技能完成实际工作时，所需要的技能发挥侧重点不同，而且对其软实力也有一定的要求，主要体现为以下3点。

1. 多谋善断

数据中台项目内容涵盖范围广，琐碎细节多。在收拢各系统数据时，需要探究原有数据字段的业务定义，完成字段标准制定。这个过程注定需要多方参与、多方协作，而多方协作就意味着项目关联部门多，但是每个部门都有自己的边界意识。

所以，当数据产品经理推进各个部门执行统一的数据口径时，不可避免地会触碰到他人的"边界"。此时数据产品经理虽是数据中台的"天条制定者"，却没能拥有执行"天条"的权力，面对接踵而来的工作难题，如何谋定与决断就成为数据产品经理的核心软实力之一。

在跨部门合作的过程中,还是存在一些可以促进项目顺利完成的工作技巧的,如下所述。

1)"挟天子以令诸侯"

数据中台项目关联部门过多,如果可以争得企业"一把手挂帅坐镇",项目执行过程中便可以"挟天子以令诸侯"。

不过采用这种方式,数据产品经理"饱受白眼"是在所难免的,毕竟对各业务系统来说,这种工作大部分是 KPI 或者 OKR 任务之外的"负担"。

更何况强扭的瓜就算甜,吃着也不是滋味。

2)适度的成果许诺

在跨部门合作之前,以结果为导向进行成果许诺。数据融通所产生的数据资产是企业各部门的共有财富,"付出 1 份汗水,换来 100 份收获"的成果许诺可以极大地激发各部门的工作积极性。

但是我们一定要做到言出必行,前后一致。因为数据中台建设不是一时之事,后续配合性工作有很多,所以不能以虚假的许诺换取"兄弟"部门的工作输出。

除了上面提到的两点,数据产品经理还应做到:**出现问题,敢于担责;获得成绩,善于分享**。这样做不仅可以提高合作部门的认同感,而且可以得到项目组成员的信任,从而成为他人乐于"追随"的产品经理。

2. 跨域沟通

在数据中台建设多方协作的背景下,数据产品经理有些像春秋战国时期合纵连横的苏秦和张仪,游走于各部门之间,除了多谋善断与善用工作技巧,还要依靠自己以情动人、以理服人的沟通能力。

虽然沟通能力在哪个岗位都必不可少,但数据中台的特质决定了该项目的数据产品经理需要完成大量的对外协调工作。因此,数据中台的数据产品经理需要拥有优秀的跨域沟通能力,这样才能与多个需求、背景、想法各不相同的相关方一起推动数据口径的标准化,以及数据体系建设的实施落地。

在此,为大家提供一些可参考的沟通技巧,如下所述。

1）注意沟通的频率与方式

有的人喜欢亲力亲为，凡事都自己参与；有的人相对封闭，不喜欢被过多打扰。针对不同的人群，可以选择不同的沟通频率与方式，从面谈沟通到邮件、IM（即时通信）沟通，线下线上有很多沟通工具可供我们使用，因人而异，对症下药，这样可以提高沟通效率。

2）以解决方案为沟通切入点

项目参与方想听到的是解决方案，而不是问题的罗列。如果可以根据问题的优先级，提供多种解决方案供参与方选择就更好了，选择题总是要比填空题让人舒服。

以上两种沟通技巧，大家可以在实际工作中试用一下。良好的沟通能力可以有效地降低项目沟通的挫败感，对多部门参与的项目来说，这一点尤为重要。

3．战略思维

数据中台的数据体系所含数据内容之庞杂、来源之多，远胜单一业务线的数据体系，完成如此庞大的数据体系设计，对数据产品经理来说是一种极大的考验，这要求数据产品经理需要具备一定的战略思维。

所谓战略思维，可以理解为纵览全局的能力，需要放眼全局而谋一域，可以从全局角度，用长远的眼光看问题，从而制定出符合企业发展预期的数据方案。

在数据中台建设过程中，数据产品经理不但要判断当下业务中的关键流程，更要不受限于现有业务规模，理解业务接下来的发展方向，以最终目标为导向，做好数据体系的扩展设计。

当然，数据产品经理不仅要"抬头看路"，还要"埋头拉车"。数据产品经理需要完成既定的工作输出，如数据指标字典、数据建模与数据接口设计等，但是千万不要让自己深陷数据定义与报表细节中。

除了上面提到的3点软实力，数据产品经理还要具备自我驱动、快速成长与数据感知等多方面的能力。不过在数据中台这样的工作场景下，上面提到的多谋善断、跨域沟通与战略思维更值得大家思考。

4.2 数据产品经理的"武器库"

工欲善其事，必先利其器。优秀的数据产品经理有着丰富的"武器库"，可以掌握多种工具来完成自己的工作，数据中台的数据产品经理自然也不例外。

在本节，就让笔者带大家了解一下数据产品经理的"刀枪剑戟"。

4.2.1 神奇的 Excel

数据产品经理毋庸置疑会频繁地与数字打交道，Excel 就是其应对各类数字难题最初的"武器"，它有些像武侠小说中的武林人士都会的拳把式，可以让人"一招鲜，吃遍天"。

数据产品经理熟练地使用 Excel，不仅可以快速完成数据梳理与数据分析的工作任务，还可以改善其他日常工作的工作效率，甚至可以结合部门业务，制作出提高部门工作效率的 Excel 模型。

当笔者去挖掘 Excel 的功能时，也再次被它的强大折服了。在小数据量的前提下，Excel 既可以作为数据分析工具，又可以作为复杂报表的制作工具。Excel 中的函数公式有 400 多个，配合 VB 语言，可以实现大部分程序员用其他编程语言完成的基础功能。考虑到大部分用户没有专业编程环境，Excel 直接内嵌了 VB 编程与执行环境，只要打开 Excel 按 Alt+F11 组合键，就会感受到 Excel 的"诚意"。

接下来，让我们从常用操作快捷键与函数公式两方面来感受一下 Excel 的神奇，至于图表制作与 VB 的相关内容，本书不再赘述，建议大家查阅一些 Excel 的相关书籍，如《Excel 之光：高效工作的 Excel 完全手册》。

1. 常用操作快捷键

1) 基本操作快捷键

首先为大家介绍一些 Excel 的基本操作快捷键（见表 4-2），类似 Ctrl+C/V（复制/粘贴）这种常用的操作就不在此罗列了。

表 4-2 Excel 基本操作快捷键

操　　作	快　捷　键
复制上行内容（向下填充）	Ctrl+D
复制左列内容（向右填充）	Ctrl+R
重复上次操作	F4
单元格内换行	Alt+Enter
插入超链接	Ctrl+K
激活超链接	Enter
输入日期	Ctrl+分号
输入时间	Ctrl+Shift+分号
插入函数	Shift+F3
插入空白单元格	Ctrl+Shift+加号
清除选定单元格的内容	Delete
删除选定的单元格	Ctrl+减号
拼写检查	F7
编辑单元格批注	Shift+F2
撤销上一次操作	Ctrl+Z
选中当前输入单元格	Ctrl+Enter
选中所在列	Ctrl+Shift+上/下（方向键），Ctrl+空格键
选中所在行	Ctrl+Shift+左/右（方向键），Shift+空格键
选中所有内容	Ctrl+A

2）编辑操作快捷键

Excel 编辑操作快捷键，如表 4-3 所示。

表 4-3 Excel 编辑操作快捷键

操　　作	快　捷　键
单元格格式设置	Ctrl+1
单元格格式 - 数字 - 常规	Ctrl+Shift+~
单元格格式 - 数字 - 数值	Ctrl+Shift+1
单元格格式 - 数字 - 时间	Ctrl+Shift+2
单元格格式 - 数字 - 日期	Ctrl+Shift+3

续表

操 作	快 捷 键
单元格格式 - 数字 - 货币	Ctrl+Shift+4
单元格格式 - 数字 - 百分比	Ctrl+Shift+5
单元格格式 - 数字 - 科学记数	Ctrl+Shift+6
添加选中单元格边框	Ctrl+Shift+7
取消选中单元格边框	Ctrl+Shift+减号
应用或取消内容加粗	Ctrl+2 或 Ctrl+B
应用或取消字体倾斜	Ctrl+3 或 Ctrl+I
应用或取消下画线	Ctrl+4 或 Ctrl+U
应用或取消删除线	Ctrl+5
隐藏或显示对象	Ctrl+6
隐藏或显示常用工具栏	Ctrl+7
隐藏或显示大纲符号	Ctrl+8
选中当前连续的最大单元格区域	Ctrl+Shift+8
隐藏行	Ctrl+9
取消隐藏行	Ctrl+Shift+9
隐藏列	Ctrl+0
取消隐藏列	Ctrl+Shift+0
样式设置	Alt+单引号
创建组	Alt+Shift+右（方向键）
取消组	Alt+Shift+左（方向键）
创建图表	F11 或 Alt+F1

3）图表操作快捷键

Excel 图表操作快捷键，如表 4-4 所示。

表 4-4　Excel 图表操作快捷键

操 作	快 捷 键
移动到行首	Home
移动到开头（A1）	Ctrl+Home
移动到内容区域末尾	Ctrl+End
移动到列首/尾	Ctrl+上/下（方向键）

续表

操　　作	快　捷　键
向上移动一屏	PageUp
向下移动一屏	PageDown
向右移动一屏	Alt+PageDown
向左移动一屏	Alt+PageUp
切换图表（Sheet 页）	Ctrl+PageDown/PageUp

除了上面介绍的 3 类操作，Excel 的快捷键还有很多，大家可以在实际使用中不断探索。对提升工作效率来说，减少鼠标操作是一种有效手段，也是一件值得尝试的趣事儿。

2．常用函数公式

Excel 的函数公式有 400 多个，可以将其分为 11 类，分别是数据库函数、日期与时间函数、工程函数、财务函数、信息函数、逻辑函数、查询和引用函数、数学和三角函数、统计函数、文本函数，以及用户自定义函数。

对数据产品经理来说，抓住核心要点才能真正玩转 Excel，所以笔者选取了数据产品经理常用的 5 类函数：文本函数、日期与时间函数、查询和引用函数、统计函数和逻辑函数，来为大家进行简单介绍。

1）文本函数公式

文本函数主要应用于数据清洗与格式转换等场景，从而得到格式规范的数据内容，常用函数有以下几种。为避免造成读者误解句号属于语法的一部分，语法行尾去掉句号等标点，特此说明，下同。

- LEN()：计算字符长度，汉字计为 1 个字符。
- LENB()：计算字符长度，汉字计为 2 个字符。
- LEFT()：从左侧提取字符串。
    - 语法：=LEFT(指定单元格，截取长度)
- RIGHT()：从右侧提取字符串。
    - 语法：=RIGHT(指定单元格，截取长度)
- MID()：从中间提取字符串。
    - 语法：=MID(指定单元格，开始位置，提取长度)

示例，如图 4-1 所示，通过对 LEFT、LENB、LEN 函数的组合使用，从用户信息中提取用户姓名。

B2　=LEFT(A2,LENB(A2)-LEN(A2))

	A	B
1	用户信息	用户姓名
2	张小墨20180010003	张小墨
3	张墨20180010003	张墨
4	张大墨20180010003	张大墨
5		

图 4-1　LEFT、LENB、LEN 函数的组合使用

- TRIM()：清除字符串两侧的空格。
- CONCATENATE()：合并单元格内容。
  - ➢ 语法：=CONCATENATE(单元格 1，单元格 2，……)
- REPLACE()：替换单元格指定位置的内容。
  - ➢ 语法：=REPLACE(指定单元格，开始位置，替换长度，“替换后的内容”)

示例，如图 4-2 所示，使用 REPLACE 函数加密用户手机号。

C2　=REPLACE(B2,4,4,"****")

	A	B	C
1	用户姓名	用户手机号加密	用户手机号加密
2	张小墨	18900010001	189****0001
3	张墨	18900010002	189****0002
4	张大墨	18900010003	189****0003
5			

图 4-2　REPLACE 函数的使用

- SUBSTITUTE()：替换单元格指定内容，区别于 REPLACE 函数实现固定位置的内容替换，SUBSTITUTE 函数实现的是固定内容的替换。
  - ➢ 语法：=SUBSTITUTE(指定单元格，指定内容，替换内容，位置)

其中，位置指的是如果指定单元格中“指定内容”出现多次，则用本参数指定要替换第几个。

- FIND()：查找文本位置。
  - ➢ 语法：=FIND(要查找的字符，指定单元格，起始搜索位置)
- SEARCH()：查找文本位置，与 FIND 函数类似，不同的是 SEARCH 函数不区分大小写。
  - ➢ 语法：=SEARCH(要查找的字符，指定单元格，起始搜索位置)

- TEXT()：将数值转化为指定的文本格式。

2）日期与时间函数

在公式中用来处理日期值与时间值的函数，用法相对简单，如表4-5所示。

表4-5 Excel 日期与时间函数

函 数	含 义
TODAY()	动态参数，返回当前日期
NOW()	动态参数，返回当前时间
YEAR()	返回日期中的年份
MONTH()	返回日期中的月
DAY()	获取日期中的天
HOUR()	获取日期时间中的小时数
MINUTE()	获取日期时间中的分钟数
SECOND()	获取日期时间中的秒数
TIME()	将指定单元格数据转为时间格式
DATA()	将指定单元格数据转为日期格式
WEEKDAY()	返回指定日期所在的星期数
WEEKNUM()	返回特定日期是所在年份的第几周

3）查询和引用函数

当需要的数据不在同一表单，且数据量很大时，我们可以通过查询和引用函数实现多表关联或行列对比，函数公式主要包括如下几个。

- VLOOKUP()：从某个区域查找特定内容，并提取该区域部分内容到指定位置。
  - 语法：=VLOOKUP(要找的内容, 去哪找, 具体的位置, 是否精准匹配)

示例，如图4-3所示，使用 VLOOKUP 函数为用户匹配其所在城市。

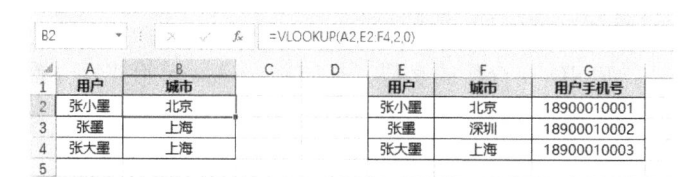

图4-3 VLOOKUP 函数的使用

- INDEX()：提取表格或区域中的指定内容。
  - 语法：=INDEX(指定单元格区域或数组，所在行，所在列)
- MATCH()：查找指定内容所在的位置。
  - 语法：=MATCH (要返回值的单元格区域或数组，查找的区域，查找方式)

示例，如图 4-4 所示，使用 MATCH 函数查找用户张大墨在明细中所在的列数。

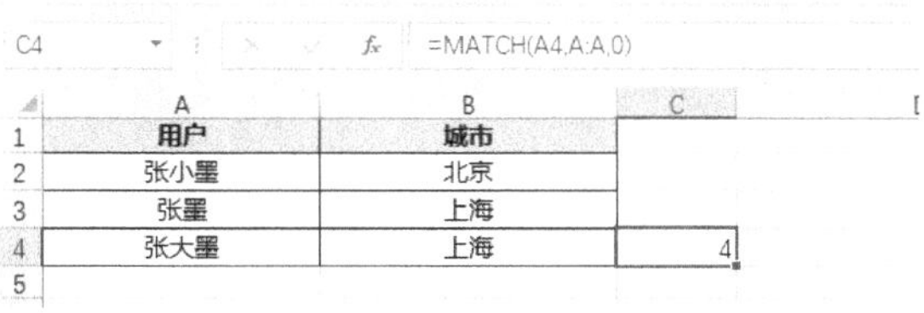

图 4-4 MATCH 函数的使用

- ROW()：返回单元格所在行数。
- COLUMN()：返回单元格所在列数。
- RANK()：求指定数值在某区域下一组数据中的排名。
  - 语法：=RANK(参与排名的数值，排名的数值区域，排名方式 0 是降序/1 是升序)
- OFFSET()：引用某区域的数值。
  - 语法：=OFFSET(指定点，偏移多少行，偏移多少列，返回多少行，返回多少列)

4）统计函数

实现数据统计与数据分析，统计类的函数公式最为常用，该类公式主要包括如下几种。

- SUM()：计算所选单元格区域所有数值的和。
  - 语法：=SUM(参数，参数，……)

SUM 函数是最为常见的求和函数，而且 SUM 函数中的参数是可扩展的。

示例，如图 4-5 所示，使用 SUM 函数实现累计求和。

D2　=SUM(C2:C2)

	A	B	C	D
1	用户	月份	消费金额	累计消费金额
2	张小墨	1	10000	10000
3	张小墨	2	15000	25000
4	张小墨	3	10000	35000
5	张小墨	4	15000	50000
6	张小墨	5	10000	60000
7	张小墨	6	15000	75000

图 4-5　SUM 函数的使用

- SUMIF()：计算满足条件的单元格的和。
  - 语法：=SUMIF(条件区域，判断条件，求和条件)

示例，如图 4-6 所示，使用 SUMIF 函数实现指定条件求和。

F2　=SUMIF(A2:A7,E2,C2:C7)

	A	B	C	D	E	F
1	用户	月份	消费金额		用户	累计消费
2	张小墨	1	10000		张小墨	30000
3	佟小白	1	15000		佟小白	45000
4	张小墨	2	10000			
5	佟小白	2	15000			
6	张小墨	3	10000			
7	佟小白	3	15000			

图 4-6　SUMIF 函数的使用

- SUMIFS()：根据多个条件来求和，是 SUMIF 函数的加强版，用法与 SUMIF 函数相同，只是条件变为多个。
  - 语法：=SUMIFS(求和区域，条件区域，判断条件，条件区域，判断条件，……)
- SUMPRODUCT()：计算多个给定数组间元素的乘积之和。
- COUNT()：统计指定区域中包含数字的单元格数目。
- COUNTIF()：统计指定区域中满足给定条件的单元格数目。
  - 语法：=COUNTIF(条件区域，判断条件)
- COUNTIFS()：统计指定区域中满足一组给定条件的单元格数目。
  - 语法：=COUNTIFS(条件区域，判断条件，条件区域，判断条件，……)
- AVERAGE()：计算指定区域的平均值。
- STDEV()：统计指定区域的标准差。
- INT()：取整函数，向下取整。

- ROUND()：取整函数，可按小数位取整。
- MIN()：统计指定区域的最小值。
- MAX()：统计指定区域的最大值。
- RANK()：统计指定单元格在统计区域中的排名。
- RAND/RANDBETWEEN()：生成随机数，RAND 函数生成的随机数范围为 0~1，RANDBETWEEN 函数可指定随机数范围。

5）逻辑函数

逻辑函数可以实现真假判断或者进行复核检验，越是复杂的数据分析，越是涉及更多的逻辑运算，常用的逻辑函数并不多，如下所述。

- IF()：进行条件判断，如果为真，则返回某个值，如果为假，则返回另外一个值，IF 函数堪称逻辑函数中的"老大哥"，只要涉及逻辑判断，那就离不开 IF 函数。
  - ➢ 语法：=IF(判断条件, 成立时返回某值, 不成立时返回某值)
- AND：逻辑判断为"且"，当所有判断条件均成立，最终判断才成立。
- OR：逻辑判断为"或"，多个判断条件有一个成立，最终判断即成立。
- NOT：取判断结果相反的逻辑值。

当我们熟悉了 Excel 的快捷操作与各类函数时，再去进行数据梳理与数据统计，就可以"十指如飞"了。

除了上面为大家介绍的内容，Excel 还有一个很强大的功能——"数据透视表"，它可以代理复杂函数，实现数据的快速分组、标签的快速合并、数据排序与计算，甚至可以直接制作交互图表。大家在阅读完本节内容后，可以打开电脑去实际体验一下 Excel 的神奇功能。

4.2.2 数据建模工具

国际数据管理协会（DAMA International）在其出版的 DAMA-DMBOK（数据管理知识体系）中将数据管理拆分为了 9 个领域：数据治理（Data Governance）、元数据管理（Meta Data Management）、数据体系结构、分析和设计（Data Architecture，Analysis & Design）、数据库管理（Database Management）、数据安

全管理（Data Security Management）、数据质量管理（Data Quality Management）、参考数据和主数据管理（Reference & Master Data Management）、数据仓库和商务智能管理（Data Warehousing & Business Intelligence Management）、文档和内容管理（Document Record & Content Management），如图 4-7 所示。

图 4-7　DAMA 定义的 9 个数据管理领域[1]

数据模型是数据体系设计的重要输出物，也是贯穿数据管理全领域的存在，所以我们需要明白数据建模是什么，以及它为什么这么重要。

首先我们要知道，数据建模和数学建模是不同的。

- 数学建模是为了满足预测与归因等需求，将现实问题抽象成数学问题，然后选择合理的算法进行求解。
- 数据建模主要完成业务流程的数据抽象，从而确定数据库的管辖范围。

所以说，数据建模是在确认每个数据表有哪些字段、每个字段是什么类型，以及数据表之间是什么关系。其中，数据表数量与数据表结构直接影响着数据建模的复杂程度。

---

[1] DAMA 定义的 9 个数据管理领域：源自《DAMA 数据管理知识体系指南》。

至于数据建模的意义，可以归纳为以下 3 点。

- **数据建模是数据开发的起点**。数据模型中定义的数据表字段，以及表与表之间的关系，相当于提供给数据开发工程师的需求文档，因此数据建模也是数据产品经理完成数据需求设计的过程。
- **数据建模是参与方达成共识的依赖**。数据模型始于业务梳理，最终的输出物为项目参与方提供了数据体系的全局视角，让需求方与开发人员在数据需求、数据范围及中长期规划上达成共识。
- **数据建模是数据质量、数据安全的保障**。通过数据建模，既可以去除现有数据冗余，又可以依据数据安全要求明确出敏感字段，进行脱敏与权限管控。

谈到如何实现数据建模，可选的工具有很多，如 Power Designer、Visio、Rational Rose，以及 Excel。但是万变不离其宗，不管选择使用哪个工具，需要解决的问题都是相同的。

所以本节的讲述重点不在于工具的操作技巧，而是以实体关系建模法为例，带大家了解如何使用工具完成数据建模。

场景：数据产品经理小佟，新入职了某电商公司，需要熟悉订单相关的数据建模内容，接到这个工作任务后，小佟开始了自己的工作。

1. 数据需求调研

数据产品经理小佟，分两步展开了本次数据需求调研。首先她去熟悉了订单系统的业务流程与业务逻辑，然后分析了订单系统所涉及的数据表与表字段。

经过调研，小佟最终确定了订单系统共涉及 4 张数据表，分别是用户表、订单表、订单明细表与商品表（此处是假设的示例，实际场景中还会涉及优惠券表、物流信息表等内容）。然后小佟罗列出了各数据表的实际用途。

- 用户表（User）：记录了用户的基本信息，如用户名、手机号、所在地等。
- 订单表（Order）：记录了用户的订单信息，如订单号、下单日期等。
- 订单明细表（Orderlist）：记录了订单的商品明细，该表为关联实体表（关系表），即记录订单 ID 下的商品 ID 与商品数量等信息。

- 商品表（Goods）：记录商品信息，如商品 ID、商品定价、商品类目等。

上述数据表，如表 4-6~表 4-9 所示。

表 4-6 用户表（User）

User_ID	Username	Tel	Address
19	张小墨	(NULL)	北京市
29	佟小白	(NULL)	北京市
32	王五	(NULL)	黑龙江省哈尔滨市

表 4-7 订单表（Order）

Orders_ID	User_ID	Number	Createtime	Note
1	19	8307296207	2020/4/21 17:10:00	(NULL)
2	19	8307296208	2020/4/21 17:10:01	(NULL)
3	29	8307296209	2020/4/21 17:10:02	(NULL)

表 4-8 订单明细表（Orderlist）

ID	Orders_ID	Goods_ID	Goods_num
1	1	1	1
2	1	2	1
3	2	1	2
4	3	3	2

表 4-9 商品表（Goods）

Goods_ID	Name	Price	Detail	Createtime
1	大米	2.5	五常大米	2020/4/15 12:10:00
2	小米	3.0	陕西小米	2020/4/15 12:10:00
3	苹果	9.0	烟台红富士	2020/4/15 12:10:00
4	杧果	15.0	澳杧	2020/4/15 12:10:00

获取了 4 张数据表内容后，小佟下一步的工作就是要梳理数据业务关系。在此需要明确两个重要的概念：**实体表和关系表。**

实体表是对应着实际的对象的表；关系表不代表一个对象，而是代表着对象之间的关系。例如，在上述示例中的订单明细表就是一个关系表，代表着订单和商品之间的关系。

关系表的出现，通常是因为对象之间存在多对多的关系。例如，在示例中，一个订单可以对应多类商品，且一类商品可以对应着多个订单，所以订单和商品是一个多对多的关系。

除了多对多的关系，实体之间的关系还包括一对一和一对多的关系。

2．梳理数据业务关系

在进行数据业务关系梳理工作时，小佟首先对四张数据表的主键与外键字段进行了标注。我们先来解释一下。

- **主键**（Primary Key，PK）：可以确定一条记录的唯一标识。例如，用户表的主键是用户 ID，而不能使用姓名和手机号等字段作为主键，因为这些字段既可能存在重复，又可能进行后续修改，所以无法实现唯一识别。
- **外键**（Foreign Key，FK）：用于与另外一张表的关联，可以通过该字段查询到另外一张表的信息。一般来说，主表的外键，就是需要关联的从表的主键。

基于上述定义，小佟对订单系统各数据表的主键和外键进行了标识，如表 4-10 所示。

表 4-10　订单系统各数据表的主键和外键

表	主键（PK）	外键（FK）
用户表	User_ID，用户 ID	无
订单表	Order_ID，订单号	User_ID，用户 ID
订单明细表	ID，自增 ID	Order_ID，订单号 Goods_ID，商品 ID
商品表	Goods_ID，商品 ID	无

通过对主键与外键的标识，可以得出数据表之间的关系。因为主键与外键的联系就是业务关系的体现，象征着实体与实体之间的关系，所以小佟得出了以下结论，如表 4-11 所示。

表4-11 订单场景下实体之间的关系

关　系	用　户	订　单	商　品
用户	—	一对多	一对多
订单	一对一	—	一对多
商品	一对多	一对多	—

通过表4-11可以看出，一个用户可以拥有多个订单与多个商品；一个订单只归属于一个用户，但是一个订单中可以有多个商品；一类商品可以被多个用户购买，一类商品可以在多个订单中存在。

如果正向与反向实体之间的关系的都是一对多，那么两者的关系就是多对多，这个时候就需要创建一个关系表来解决这个问题了，所以订单明细表就有意义了。

因为订单表与商品表、订单明细表都是一对多的关系，所以订单明细表与两者的关系如下所述。

- 与订单表：一对一，一个订单明细只对应一个订单。
- 与商品表：一对一，一个订单明细只对应一类商品。

3．设计数据模型

基于数据需求调研与数据业务关系梳理所得出的内容，小佟完成了本次数据模型设计，如图4-8所示。

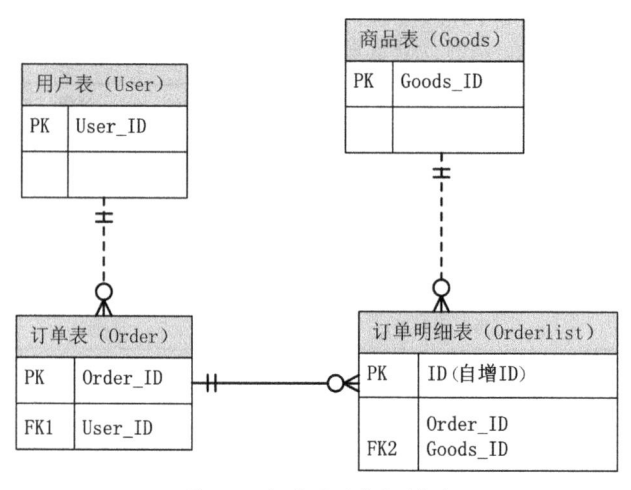

图4-8 订单系统数据模型

4.2.3 解决问题的 SQL

目前，在各大企业数据产品经理的招聘信息中，能够使用 SQL 已经成为与能够使用 PPT、Excel 同等地位的必备技能。因为数据产品经理需要与数据打交道，而 SQL 是与数据"沟通"的主要语言，我们可以通过 SQL 来获取数据，进行数据分析，完成功能探索。

SQL 作为关系型数据库的标准语言，适用于 MySQL、Oracle、HiveSQL、Kylin 与 MangoDB 等多种数据库。各数据库所用语法细节可能稍有不同，但总体上基本一致。本节内容将以应用最为广泛的 MySQL 数据库为例，为大家讲解一下 SQL 的用法与技巧。

谈到 SQL，首先要了解 SQL 语句的书写、语法与规矩，并明确以下 3 个操作对象：数据库、数据表与数据。

1. SQL 的书写、语法规则

- SQL 语句不区分大小写，但有以下约定俗成的规则。
  - 关键字大写。
  - 表名首字母大写。
  - 其余内容小写。
- SQL 语句的常规书写规则如下。
  - SQL 语句使用英文半角符号。
  - SQL 语句以分号（;）结尾。
  - 字符串与日期需要使用单引号（''）括起来。
  - 数字常数无须使用单引号，直接书写即可。
  - SQL 语句中单词之间需要使用空格或换行进行分割。
  - 可以使用/* */进行多行内容注释。

2. 操作对象的相关规则

- 数据库、数据表及数据列名（字段名称）由字母、数字和下画线组成，不可以出现空格。
- 进行数据查询时，列名不需要添加单引号。

- 数据库的增、删、改、查规则如下。
  - 创建数据库（CREATE DATABASE 语句）。
    - 语法格式：CREATE DATABASE <数据库名称>;
  - 删除数据库（DROP DATABASE 语句）。
    - 语法格式：DROP DATABASE <数据库名称>;

删库的操作一定要谨慎操作，进行该操作需要获得数据库 DROP 权限。

- 修改数据库（ALTER DATABASE 语句）。
  - 语法格式：ALTER DATABASE <数据库名称>;

使用 ALTER DATABASE 需要获得数据库 ALTER 权限。

- 查询数据库（SHOW DATABASES 语句）。
  - 语法格式：SHOW DATABASES [LIKE '数据库名'];

LIKE 从句是可选项，用于匹配指定的数据库名称。

- 数据表的增、删、改、查。
  - 新增数据表（CREATE TABLE 语句）。
    - 语法格式：CREATE TABLE <表名>(列内容设置);
    - "列内容设置"格式为<列名 1> <类型 1> [,...,] <列名 n> <类型 n>;，其中表名与列名命名均要符合 SQL 语法规则要求。
  - 删除数据表（DROP TABLE 语句）。
    - 语法格式：DROP TABLE <表名>;

使用 DROP TABLE 语句可以同时删除多个表，删表的操作也需要谨慎操作。

    - 保留数据表，删除表数据：可使用 DELETE 语句，如 DROP TABLE <表名>;DELETE FROM <表名>;
  - 修改数据表（ALTER TABLE 语句）。
    - 语法格式：ALTER TABLE <表名> (修改项);
    - 添加列：ALTER TABLE <表名> ADD COLUMN <列名> <类型>;
    - 删除列：ALTER TABLE <表名> DROP COLUMN <列名>;
    - 更换列：ALTER TABLE <表名> CHANGE COLUMN <旧列名> <新列名> <新列类型>;

> 查询数据表（SHOW TABLE 语句）。
> - 语法格式：SHOW TABLE

该句无须添加后缀即可查询当前数据库下所有数据表。

在 SQL 的 3 个操作对象中，对数据的操作是数据产品经理使用 SQL 的主要场景，接下来就让我们一起学习一下。

3．数据查询基础语法

基于数据表进行数据查询是数据产品经理最为高频的操作，同时 SELECT 查询语句也是 SQL 中最基础也是最重要的语句，下面就让我们来了解数据查询的初阶语法与高级语法。

SELECT 查询语句的基本格式：SELECT <列名> FROM <表名> WHERE <查询条件>;，如果要查询表的所有内容，则将<列名>更换为*即可。

示例 1：查询用户表所有信息。

```
SELECT * FROM User;
```

示例 2：查询用户表中地址为北京市的用户。

```
SELECT * FROM User
WEHRE address='北京';
```

在设置查询条件时，WHERE 条件可以使用数据符号：＞（大于）、＜（小于）、＝（等于）、！＝（不等于）或者＜＞，且可以添加多个限制条件，根据条件之间的逻辑关系，可以用 OR（或）和 AND（且）连接。

示例 3：查询用户表中除佟小白外的所有用户。

```
SELECT * FROM User
WHERE address='北京' AND username!='佟小白';
```

如果需要进行模糊搜索，则可以使用 LIKE 语句，运用 LIKE 语句时，需要配合 SQL 通用符号 _ 或 % ，其中 _ 代表一个未指定字符，%代表不确定数量的未指定字符。

示例 4：查询用户表中，手机号段为 1890001****的用户。

```
SELECT * FROM User
WHERE phone LIKE '1890001____';
```

查询条件如需要筛选范围结果，可以使用 IN 语句或 NOT IN 语句；如果需要取范围区间的数值，则可以使用 BETWEEN AND 语句。

示例 5：查询订单表中 2019 年 12 月的订单。

```
SELECT * FROM Order
WHERE createtime BETWEEN '2019-12-01' AND '2019-12-31';
```

4．数据查询函数

SQL 提供了很多可用于数据统计的函数，如下所示。

- 聚合函数。
    - COUNT：计算表中的记录数（行数）。
        - COUNT(*)：计算所有行数。
        - COUNT(<列名>)：计算扣除 NULL 外的行数。
        - COUNT(DISTINCT<列名>)：计算去重后的行数。
    - SUM：计算表中数值列中数据的合计值。
    - AVG：计算表中数值列中数据的平均值。
    - MAX：计算表中任意列中数据的最大值。
    - MIN：计算表中任意列中数据的最小值。
- 数字函数。
    - CEIL：向上取整。
    - ROUND：四舍五入。
    - MOD：取余。
    - FLOOR：向下取整。
    - TRUNCATE：截断。
    - RAND：获取随机数，返回 0～1 的小数。

该部分函数内容与 Excel 中的函数相似，其他相似函数还包括文本函数、日期函数等。

- 分组函数。
    - GROUP BY：分组查询函数。
    - HAVING：过滤分组条件，对分组计算后的各组的值进行条件筛选。

➢ 语法格式：SELECT <列名> FROM <表名> WHERE <查询条件> GROUP BY<分组字段>HAVING<过滤条件>;

➢ 注意事项：
■ 分组字段需要在查询范围内。
■ 字段筛选可以在分组后使用 HAVING 函数，也可以在分组前利用 WHERE 条件实现。
■ 分组字段可以是单个，也可以是多个。
■ 可以结合 COUNT、SUM、MAX 等函数，实现分组计算。

- 排序函数。
    ➢ ORDER BY：可以实现对结果的排序，默认按照升序对结果进行排序，如需进行降序排列，可以使用关键词 DESC 来实现，升序关键词为 ASC。

示例 6：查询商品表，将其按照定价降序排列。

```
SELECT * FROM Goods
ORDER BY price DESC;
```

5．多表关联查询

如果需要查询的数据没有在同一个数据表下，则可以通过多表关联的方式完成查询操作，其连接方式可以分为内连接与外连接两类。其中，外连接又可以分为左连接、右连接与全连接，通用语法为 SELECT <列名> FROM <表名 1> JOIN <表名 2> [ON 条件];。

多表关联查询的实现逻辑如图 4-9 所示。

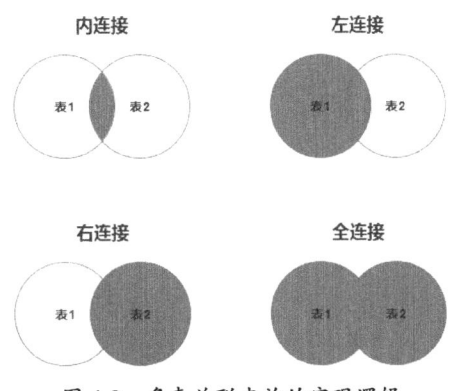

图 4-9 多表关联查询的实现逻辑

- 内连接。
  - 语法格式：SELECT <列名> FROM <表名 1> INNER JOIN <表名 2> [ON 条件]；
  - 语法说明：
    - 列名可以为多个，即需要搜索的列。
    - INNER JOIN 与 JOIN 使用效果相同，取关联数据表的交集。

示例 7：通过 id 字段，获取 table1 与 table2 的交集。

```
SELECT  id,name  FROM  table1  INNER  JOIN  table2  ON table1.id=table2.id;
```

- 左连接。

语法格式：SELECT <列名> FROM <表名 1> LEFT JOIN <表名 2> [ON 条件]；

示例 8：以 table1 为基础，通过 id 字段，将 table1 与 table2 关联起来。

```
SELECT  id,name  FROM  table1  LEFT  JOIN  table2  ON table1.id=table2.id;
```

- 右连接。

语法格式：SELECT <列名> FROM <表名 1> RIGHT JOIN <表名 2> [ON 条件]；

示例 9：以 table2 为基础，通过 id 字段，将 table1 与 table2 关联起来。

```
SELECT  id,name  FROM  table1  RIGHT  JOIN  table2  ON table1.id=table2.id;
```

- 内连接。

语法格式：SELECT <列名> FROM <表名 1> FULL JOIN <表名 2> [ON 条件]；

示例 10：通过 id 字段，获取 table1 与 table2 的并集。

```
SELECT  id,name  FROM  table1  FULL  JOIN  table2  ON table1.id=table2.id;
```

6. 视图

视图可以看作基于 SQL 语句结果集的虚拟表，其行数据和列数据来自用 SQL 语句查询时所引用的数据表，而且可以来自多张数据表。

虽然视图并未真实存储数据，但是视图的结构形式和数据表一样，所以也可以进行查询、修改、更新和删除等操作。

通过视图的方式，简化了用户数据访问的操作，可以为用户提供统一的数据访问路径，从而提高了数据安全性。

下面就让我们一起来看一下有关视图的常用操作。

- 创建视图。
    - 语法格式：CREATE VIEW <视图名> AS <SELECT 语句>;
    - 语法说明：
        - <视图名>：新增视图的名称，该名称不能与当前数据库中其他表或视图重名。
        - <SELECT 语句>：当前视图对应的 SQL 查询语句，也可以看作筛选条件的集合。

    示例：
```
CREATE VIEW view_name AS SELECT * FROM table_name;
```

- 删除视图。
    - 语法格式：DROP VIEW <视图名>;
    - 语法说明：<视图名>为本次删除的视图名称。
- 修改视图。
    - 语法格式：ALTER VIEW <视图名> AS <SELECT 语句>;
    - 语法说明：
        - <视图名>与< SELECT 语句>与创建视图中概念相同。
        - 使用 ALTER VIVE 修改视图，不会更改原有表权限。

    示例：
```
ALTER VIVE view_name AS SELECT * FROM table_name;
```

- 查看视图。
    - 语法格式：DESCRIBE <视图名>或 DESC <视图名>;

也可以直接使用数据表的查询语句，将表名的位置换成视图名即可。

示例：

```
DESCRIBE view_name;
```

7. 索引

SQL 索引是提高 SQL 查询性能的主要手段，可以加快数据查询速度、减少系统影响时间。

索引的实现逻辑，与使用字典查询词语类似。在数据表上添加索引后，查询数据时，可以根据已添加的索引，快速找到对应行的位置。

所以我们可以把索引理解成数据目录。常见的索引包括以下两种：聚集索引和非聚集索引。其中，聚集索引在物理存储上是连续的，就像按照拼音查汉字，A 后面就是 B；非聚集索引只需要确保逻辑连续，类似于按照部首查汉字，相同部首的汉字在页面位置上并不需要连续。

下面就让我们来看一下与索引相关的 SQL 语句。

- 创建索引。
    - 语法格式：CREATE [UNIQUE] [CLUSTERED | NONCLUSTERED] INDEX <索引名> ON <表名> (<列名> [<长度>] [ASC | DESC]);
    - 语法说明：
        - UNIQUE：建立唯一索引，每一行的索引值都是唯一的。
        - CLUSTERED：聚焦索引。
        - NONCLUSTERED：非聚集索引。
        - <索引名>：新增索引的名称。
        - <表名>：当前创建索引的数据表名。
        - <列名>：当前创建索引的列名。
        - <长度>：可选项，使用所选列的部分字符创建索引，有利于压缩索引文件，节省存储空间。
        - ASC|DESC：可选项，升降序字段。

示例：

```
CREATE INDEX index_name ON table_name(column_name,column_name);
```

- 删除索引。
  - 语法格式：DROP INDEX <索引名> ON <表名>;

示例：

```
DROP INDEX index_name ON table_name;
```

初步了解了 SQL 语言后，堪称数据产品经理武器库"三板斧"的傍身技能就为大家介绍完了。

当然，除了本节介绍的这些内容，数据产品经理在工作中还会接触到 R 语言、BI 工具，以及 Axure 等软件，这些内容同样需要大家去了解。

4.3 数据分析方法与策略

数据分析是指使用适当的统计分析方法对所收集的数据进行分析，从中提取有用信息，并形成结论的过程。在实际运用中，数据产品经理主要通过数据变量之间的关系来解释业务。

在日常生活中，很多人并没有学过数据分析，但依靠直觉与经验也可以推断出一些数据背后的原委。但是作为产品经理，面对日益增长的海量数据，我们需要使用更加严谨的数据分析方法，得出可以量化的分析结论，并由此制定应对策略，规避业务误区。

下面，笔者就和大家一起了解几类在数据分析中常见的分析方法。

4.3.1 基本分析法

常见的数据分析方法有很多，在此笔者为大家选取 3 种常见的数据分析法，如下所述。

1. 对比分析

在数据分析过程中，我们经常会用到趋势图，通过数据的趋势变化，来判断产品与业务的健康度。当我们剖析趋势变化原因时，就需要用到对比分析了。

对比分析虽然是基础，但它同样是数据分析的"先锋官"。一般来说，对比分析可以分为两个方向：指标对比与维度对比。

指标对比是指在相同维度下，对一个或多个指标进行时间对比，通过同比、环比与定基比，进行问题拆解分析。

- 同比：一般指本时间周期与去年同期的比值，用以说明本期发展水平与去年同期水平的差异，如需计算同比增速，则为（本期发展水平-去年同期水平）/|去年同期水平|×100%。
- 环比：本时间周期与上一个时间周期的比值，如计算某产品活跃用户2020年5月的环比，则需要知道2020年4月的指标数据。其环比增速公式为（本期发展水平-上期发展水平）/|上期发展水平|×100%。
- 定基比：本时间周期与某一固定时期的比值。

维度对比是指对指定指标进行多维度的对比分析。例如，对产品的活跃用户进行分析时，可以根据城市维度及用户年龄、性别等维度来进行对比分析，从而明确趋势变化原因，并做出解释。

在上述两类对比分析方向的基础上，还可以利用维度的层级关系进行数据细化分析。例如，按照省、市、区的层级关系，对指定指标进行钻取区分，从而判断数据变化的具体原因。

另外，在产品设计上也会引入对比分析的思路，比如常见的A/B测试，就是通过控制变量的方式获取对比数据，从而确定产品设计的未来方向。

2. 漏斗分析

漏斗分析是业务分析的基本模型，也是运营人员与用户增长产品经理常用的分析手段。

在数据流转的生命周期中，从起点到终点，每个阶段的数据转化率与流失程度都会反映出很多问题。以某知识付费App用户下单漏斗为例，如图4-10所示。

通过图4-10中的漏斗，我们可以清楚地看到用户下单过程中每一步的转化率，从而判断哪一步操作造成了用户流失，进而制定优化策略，提高对应环节的用户转化率，合理地完成用户召回。

在本书第 9 章标签与画像平台的内容中，我们还会为大家介绍如何利用平台工具便捷地实现漏斗分析操作。

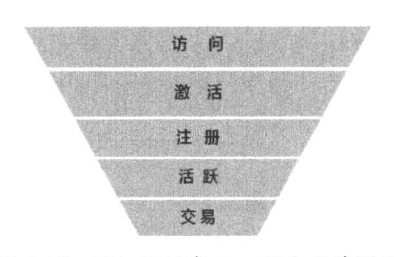

图 4-10 某知识付费 App 用户下单漏斗

3. 拆分分析

拆分分析是指将某个问题逐层拆分成若干个子问题，通过对子问题的研究，获取最终解决方案。

比如，目前一家企业某电商产品的 GMV（成交总额）出现下滑，那么首先可以把该问题拆分为访问用户数、下单转化率和产品价格 3 个问题，结合对比分析法，发现访问用户数减少是引起 GMV 下滑的主要原因。

我们可以将访问用户数拆分为活跃用户数和非活跃用户数，通过对数据变化的进一步剖析，找到问题源头。

数学估算中的费米问题（芝加哥有多少调音师），算是拆分分析的最佳案例。

费米在解决上述问题时，首先将问题拆分成了两个子问题：每年芝加哥全部调音师的总工作时长，以及一位调音师每年的工作时长。拆分逻辑是总人数=总时长/单人时长，逐层拆解后，形成了如图 4-11 所示的分析路径。

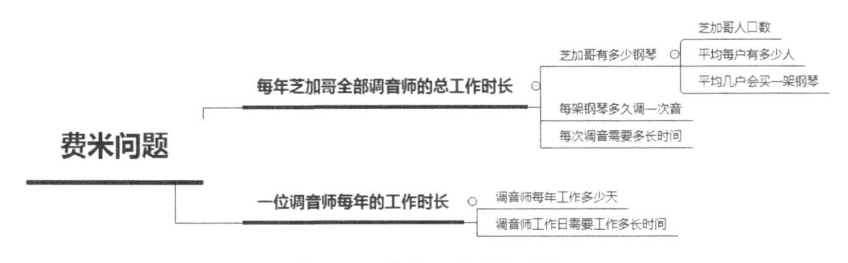

图 4-11 费米问题分析路径

在数据分析与产品设计过程中，当数据产品经理面对一个巨大目标无从下手时，费米问题的解决思路是一种值得借鉴的策略。

4.3.2 统计分析法

统计分析的应用场景是基于系统生成的数据，反向推算系统的内在逻辑。简单来说，统计分析是以概率论为基础，来研究大量随机现象的统计规律的，因此统计分析涉及了很多数学知识，除了已经提到的概率论，还涉及微积分等学科的相关知识。

不过作为产品经理，只需要了解工作场景下常用的统计分析法，并不需要掌握全部的统计学理论。本节就为大家介绍几种常用的统计分析法。

1. 描述分析

描述分析是通过图表或数据方法，对数据资料进行整理、分析，并对数据的分布状态、数字特征和随机变量之间的关系进行估计和描述的方法。

简单来说，描述分析是通过几个可以反映数据特征的数据，实现对复杂数据集的描述，从而找出数据的基本规律的。其主要分为集中趋势分析、离中趋势分析和相关分析。

- 集中趋势分析：用来反映数据的一般水平，常用的指标有平均数、中数、众数等。
- 离中趋势分析：用来反映数据的离散程度，常用的指标有方差、标准差、平均差等。
- 相关分析：用来反映数据之间的关联性，在研究过程中，通常使用控制变量法获取数据之间的相关程度。

产品收入分析中的常用指标每用户平均收入（Average Revenue Per User，ARPU），是指通过集中趋势分析，得出企业借助每个用户所得到的利润，从而反映企业近期的运营效果、获利能力与发展潜力。

2. 回归分析

回归分析可以划分为线性回归分析和非线性回归分析两类。回归分析通过函数来表示两个或者两个以上变量之间的关系，而函数包括了多项式函数（一次函数、二次函数等）、基本初等函数（幂函数、指数函数、对数函数等），以及复变函数等。

与函数定义一致，在回归分析中我们将变量划分为自变量和因变量，通过对现有数据的拟合，寻找到一个合适的函数，完成对未来的预测。

例如，想对某平台广告投放效果进行分析，假设投入金额为 X，带来的访问用户数为 Y，假设通过回归分析发现两者之间存在 $Y=X/10$ 的函数关系式，进而判断未来的投放效果，实现成本控制。

所以，回归分析更像是以史为鉴的思考与探索，寄希望于找到合适的函数关系式来解释数据之间的关系。

3. 聚类分析

俗话说，物以类聚，人以群分。

与分类不同，聚类分析是一种探索式的分析方法，不需要事先明确类别标准，只需要确定基于哪些指标实现对象聚类，并选择合适算法，然后系统就会依照对象与所选指标之间的"距离"完成聚类操作，确保了同一个类下的对象有很大的相似性，而不同类下的对象存在很大的差异性。

聚类分析的方式有很多，用不同方式进行聚类分析的结果也不尽相同，常见的有分层聚类、K-均值聚类、模糊 C 均值聚类等。

以分层聚类为例，该聚类方式又称系统聚类法，适用于小样本的样本聚类或指标聚类。分层聚类通过计算各类数据之间的相似度，创建一个层次的树形结构，从而完成对给定数据集的分解，如图4-12所示。

图4-12 分层聚类样例

在图 4-12 中，按照聚类距离，可以生成一个聚类树。例如，按照最远聚类距离可以分为中国和其他国家，按照次远距离则可以分为中国、日本和韩国，以及其他国家。

聚类分析是数据挖掘领域的主要研究分支，在数据存储与计算能力飞速提升的背景下，聚类分析在应对结构化数据的同时，还可以对非结构化数据进行处理。这些内容都是值得数据产品经理关注的。

第 5 章

数据体系建设方法应用

上一章为大家讲述了数据产品经理的基本能力,也介绍了数据产品经理的常用工具,以及一些常用的数据分析方法。聚焦在数据中台项目上,大家可能更关心如何运用学到的技能来完成工作,并由此推进数据中台的建设。

在数据中台建设过程中,数据产品经理肩负着企业全域数据体系的设计工作。完成这项工作的第一步是数据治理,第二步是基于初步成型的数据体系不断地迭代与优化。不过,不管是数据治理,还是数据体系迭代,都要求数据产品经理具备结构设计与价值甄别的能力,而这两项能力的载体就是数据字典与数据模型。

5.1 经久不衰的数据字典

在过去很长一段时间里，关系型数据库一直是主流的数据库解决方案之一，而数据字典则是关系型数据库的重要组成之一，用户可以通过数据字典查看、管理数据库的元数据信息。

随着大数据技术的发展与数据中台的兴起，分布式数据库成为大部分大数据解决方案的选择，但数据字典依旧是管理与查询元数据的主要工具。

此外，数据字典作为分析阶段的主要工具，还是数据治理的"神兵利器"。在数据治理的数据收集环节，我们可以通过数据字典去甄别有价值的数据，从而避免"一股脑"搬运造成的存储空间浪费。

在上述工作中，数据字典是主要的分析工具与展示窗口，可以结合业务需求与业务场景确定数据范围，完成元数据信息的收集与梳理，并实现数据体系的质量把控。

我们可以把数据字典看作数据的索引与目录。通过数据字典，业务人员与技术人员可以了解当前的数据状态与数据字段的业务含义等信息，从而熟知企业的数据资产，创造出更多的业务价值。

接下来，就让我们看一下数据字典所包含的内容，以及一些在数据字典建设过程中遇到的坎坷。

5.1.1 数据字典里有什么

按照相对学术一些的定义，数据字典描述的信息主要包括数据项、数据结构、数据流、数据存储、处理过程和外部实体 6 个部分。为了便于大家理解，在此我们用通俗化的语言将其分为 3 个部分：数据属性信息、数据管理信息、数据血缘与结构信息。

1. 数据属性信息

我们可以把数据属性信息分为两类：技术属性信息与业务属性信息。

技术属性信息是指我们通常说的数据表结构信息，包括表名、字段名（列名）、数据类型、字段属性（长度、默认值、必填性等）、关键字段（主键和外键）等信息。

业务属性信息通常是指数据表的统计口径，用来描述表的用途及各个字段的统计口径、业务定义等信息，这是数据标准化建设的关键文档。下面为大家举个例子，如表 5-1 与表 5-2 所示。

表 5-1 某高校学生信息表

序号	名称	类型	中文名	注释与示例	主键与外键信息
1	Student_ID	string	学生 ID	2020030126	PK
2	Student_Name	string	姓名	佟小白	
3	Status	string	学生状态	1-在读，2-其他	
4	City	string	生源地	北京	
5	Phone_Number	string	手机号码	null	
6	Gender	string	性别	1-男，2-女	
7	Race	string	民族	汉	
8	Birthday	date	出生日期	1995/04/19	
9	Class_ID	string	班级 ID	20200301	FK

表 5-2 某高校班级信息表

序号	名称	类型	中文名	注释与示例	主键与外键信息
1	Class_ID	string	班级 ID	20200301	PK
2	Class_Name	string	班级名次	20 级 1 班	
3	Status	string	班级状态	1-未毕业，2-已毕业	
4	Major_ID	string	专业 ID	03	FK

结合学生信息表和班级信息表，我们来了解几个常用概念，如下所述。

- **维度**：数据的属性或者描述性特质，如学生信息表中的学生状态、生源地、性别和民族。
- **指标**：衡量维度的标准。这样描述可能有些生涩，简单来说，指标与维度一般会成对出现，共同组成一组数据，如学生信息表中的在读学生数，就是维度"学生状态"中在读的学生总数。指标统计有如下几点注意事项。

> **需要确定所用维度**。维度类似于 Excel 的筛选条件，在日常使用中可以组合多个维度，如统计"北京生源在读学生数"。
> **需要定义汇总方式**。例如，统计某门选修课的学生人数，累加就可以，但是统计某两门选修课的学生数，就不能直接累加，需要考虑一位学生选择多门选修课的情况，因此要进行去重统计。
> **需要明确度量**。度量字段可以理解为指标的单位，如学生数的单位是"人"，在读学生 5000 人中的"人"。

- **主键**：即 Primary Key（PK），可以作为唯一标识去识别一条记录的字段。例如，学生信息表中的学生 ID 和班级信息表中的班级 ID，当然主键也可以是一个表中的多个字段。
- **外键**：即 Foreign Key（FK），用于与另一张表关联的字段，且该字段在另外一张表中为主键字段，通过外键可以定义两个表之间的关系。例如，学生信息表中的班级 ID（Class_ID），通过这个字段就可以找到学生所属的班级，并查看该班级的基本信息。

主键与外键的设计是数据建模的基础，如果两张表的数据之间存在多对多的关系，就需要再增加关联表。例如，班级和老师的关系，一个班级可以有多个老师，一个老师也可以给多个班级授课，此时将无法使用主键和外键表达两者的关系，这部分内容在 4.2.2 节（数据建模工具）中也给大家介绍过。

2．数据管理信息

在数据字典中，我们需要记录数据表占用的储存空间、权限归属与读写操作记录等信息，并根据上述内容进行信息统计，如新增表数量、删除表数量与存储空间变化等。

数据管理信息不会影响数据的正常使用，数据分析人员在使用数据时也不会太关注这些信息，但是对数据治理与数据质量管控来说，这些信息尤为关键。我们可以根据数据字典中所记录的数据管理信息掌握数据库的动态信息，完成安全管控与问题排查。

3．数据血缘关系与结构信息

数据血缘关系与结构信息，都在反映着数据之间的关系。

数据血缘关系是指数据产生的链路，也就是对数据的产生、处理、流转等过程的记录。自源头追溯而来，类似于人类社会的血缘关系，记录着数据的上、下游的去向关系，知道当前的数据从哪里来，又往哪里去。

在数据处理过程中，从数据源头到最终数据生成，所经历的每个环节都可能导致数据质量问题，可以"刨根问底"的数据血缘关系，就成了我们追溯当前数据问题的撒手锏。

数据结构关系是指数据之间的组合关系，类似于人类社会的社交网络，各种角色的组合产生了各种"圈子"。而且，数据结构不仅可以由若干数据组成，还可以由若干数据和数据结构混合而成，这里的组合关系就是数据建模的具体表现方式。

通过本节内容的介绍，大家应该对数据字典有了初步了解。在数据中台的数据体系建设工作中，产品经理所面临的数据梳理工作的工作量堪称浩大。面对众多的业务数据和系统数据，如何入手是一件让人茫然的事儿。下面，就让我们结合数据治理来聊一聊数据字典建设过程中的"苦辣酸甜"。

5.1.2 数据字典建设步骤

数据治理是构建数据中台数据体系的第一步，在此期间，首先要完成企业级数据字典的梳理。通过对数据字典的梳理可以完成数据资产盘点，从而更透彻地理解数据所蕴藏的价值，最终打造出一套适用的企业级数据体系。

那么，我们要采用什么样的方法和步骤来完成数据字典建设呢？如图 5-1 所示。

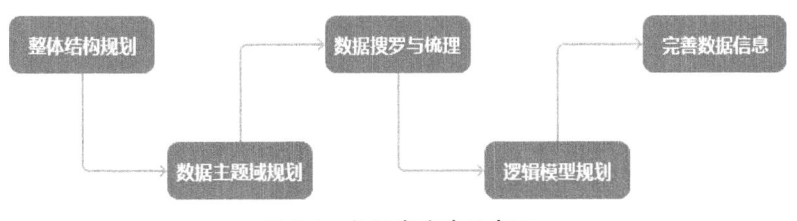

图 5-1 数据字典建设步骤

详细说明如下。

- **整体结构规划**：对公司数据现状进行粗粒度的调研，自上而下地确定总体结构与分类。
- ➢ **以业务数据为切入点**：各业务线的业务属性与模式存在一定的差异，所以可以根据业务类型进行分类，划分成相对独立的数据模块。
- ➢ **以源系统为切入点**：从常用系统入手，如 CRM 系统、ERP 系统、订单系统等，通过对各系统的数据梳理，完成总体结构的划分。
- **数据主题域规划**：完成整体结构规划后，可以对当前工作进行再次细分，根据业务特性将数据划分为各个主题域。例如，将流量相关内容规划为流量主题，主要包括 UV、PV 等；将商品相关内容规划为商品主题，主要包括商品发布数、上架 SKU、下架 SKU 与销售数等。
- **数据搜罗与梳理**：完成上述两项工作后，就可以对企业数据进行细粒度的调研了。在此期间，有两个比较重要的工作项，如下所述。
  - ➢ **找寻数据规则来源**：很多系统并没有标准的数据文档，这个时候我们需要找到系统设计文档作为依据，因此需要与系统负责人、产品经理及设计数据表的开发人员进行对接，确保数据规则的正确性。
  - ➢ **明确业务干系人**：确定数据规则时，除了找到对应的产品与技术人员，还需要找到数据对应的业务干系人，系统设计文档等内容不会给我们提供太多的业务定义，与业务方建立联系，更便于对数据规则与业务逻辑达成共识。
- **逻辑模型规划**：这是数据体系的核心内容，也是数据建模的主要内容，我们需要通过逻辑模型完成各数据主题与数据表之间的关系设计。
- **完善数据信息**：确定数据范围与逻辑模型后，还需要明确数据字典中各数据字段的基础定义、统计口径与业务定义，从而让数据字典成为数据标准的执行文档。

上面提到的 5 点内容是数据字典建设的主要工作内容，在此过程中，我们要"打几场硬仗，啃几块硬骨头"。

5.1.3　数据字典建设的坎坷

按照上节描述的工作步骤，便可以基本完成数据字典的梳理与建设工作。但是，这一过程中存在不少困难，这些"拦路虎"不仅是数据字典建设的特有产物，更是贯穿整个数据治理过程的"顽疾"。所以，我们在本节将这些问题梳理出来，给大家做个参考。

1. 跨部门的沟通

数据中台建设的是企业级数据体系，涉及公司的全域数据。因此，数据中台的数据治理工作不会局限于某个部门，而是作用于企业全局。

所以，数据中台的数据治理小组是一个由企业高层牵头、多部门参与的虚拟项目小组。在项目组中，数据产品经理是项目推进的主要执行人，需要对接各业务部门的接口人，建设统一的、标准的数据口径，并协助数据开发人员进行项目落地。

在这个看似合理、和谐的团队架构下，数据产品经理面临的第一个问题就是"沟通问题"。比如，当出现上、下游的数据标准不一致，或者数据更新时间不能满足数据中台的更新要求情况时，业务部门会不自觉地进行自我保护，而数据产品经理则需要保持中立态度进行协调。

那我们应该怎么做呢？在4.1.3节（数据中台的数据产品经理）中，我们提到了"跨域沟通能力"，其中提到的"注意沟通的频率与方式"与"以解决方案为沟通切入点"的沟通技巧可以参考使用。

另外，在沟通达成共识后，要尽快形成规范，告知干系人，避免"治理再污染"的情况出现。

2. 工作分歧的决策

数据治理面临的沟通问题，在本质上是工作内容产生了分歧，沟通的目的是对工作内容达成一致。其中，沟通技巧就像催化剂，会加速决策进程，但是不会在本质上改变分歧。

简单来说，我们需要从本质上看清如何解决工作分歧。在数据治理工作中，各业务部门之间产生分歧，大多数是因为数据标准不一致导致工作量增加。

业务部门产生负面情绪有如下两个出发点。

- 多一事不如少一事，为什么要去做这件事？

- 谁改都可以，为什么要我改，而不是他改？

在这样的前提下，我们进行沟通与决策，不仅是在解决工作问题，更是在消除参与方的负面情绪。

从实际操作角度去看，我们可以通过如下方式解决工作分歧。

- **场景共鸣**：以企业级数据体系打造的场景为切入点，进行场景讲解，提高参与方思考问题的高度。
- **价值交换**：数据治理面临的问题很多，我们可以根据各参与方的资源配置平衡工作量，用本次的"你做"，换取下次的"他做"。
- **结果引导**：以数据体系最终所带来的业务价值为引导，"想吃饼，先画饼"，从而解决工作分歧。

上述 3 点内容是解决工作分歧的操作方式，最终得出的决策方案还需要满足下面两点原则：**解决方案要确保核心数据的完整性与一致性；解决方案既要符合企业现状，又要充分考虑未来的拓展性。**

3. 维护责任的划分

数据治理工作不是一时之事，而是以长远发展为目标的持续性工作。在数据体系初具规模后，还要不断地吸收新的数据源，不断地进行迭代优化。**所以，数据治理工作需要建立长期有效的数据维护机制，解决原有数据变化与新数据引入等问题。**

因此，在数据治理过程中，企业所制定的数据管理流程和制度，既要确保数据标准的一致性，又要同步解决数据体系的维护问题。

但是这份工作的执行职责应该落在谁的肩上呢？是由数据中台的团队承接，还是业务线"各顾各家"？

为了避免"治理再污染"的情况出现，我们提出如下建议。

- 新增数据源与数据体系迭代优化，由数据中台的数据产品经理与开发团队牵头，协同关联方共同完成。
- 原有数据变化需要由业务方牵头，如当前部门无开发能力，则由企业公共开发资源或数据中台技术团队落地执行。

所以，数据中台的数据维护小组需要一直存在，小组成员应该由数据中台的产品经理、业务方干系人与各技术团队干系人组成。在条件允许的情况下，还可以引入企业内控与内审部门，让他们作为数据体系维护工作的监督方，确保数据体系维护工作保质保量地完成。

5.2 解构世界的数据模型

早些年，数据模型被理解为数据结构，随着数据技术的发展，数据模型逐渐成为数据静态特征、动态行为和约束条件的结合体，包含了数据结构、数据操作与数据约束。

简单理解，数据体系也是体系，而体系是一个有秩序、有联系的整体，所以数据体系构建是一个确定数据关系与数据秩序的过程。

4.2.2 节（数据建模工具）通过数据产品经理佟小白的案例，对数据模型的设计过程进行了介绍。本节将从底层逻辑与常用建模方式两个角度，对数据模型进行剖析。

让我们一起了解一下，数据产品经理眼中的数据模型是什么样的。

5.2.1 数据模型到底是什么

笔者曾读过这样一句话：**我们身处在千百世界中，真实的世界，你眼中的世界，还有别人眼中的世界。**

这句话可以当作数据模型相对文艺的诠释，因为按照数据建模的操作步骤，也可以完成对不同世界的定义。

- **真实世界**：世界万物都客观存在着，拥有着各自的特征，相互之间存在着千丝万缕的关系，具体到一家企业，同样存在着业务体系、产品体系与组织架构等信息，这些事物与信息组成了真实世界。
- **眼中世界**：从看到"世界"到记录这个世界，再到向他人传达相应的信息，我们需要根据自己的经验与认知，"重组"我们所看到的一切，这种重组与抽象的行为就是"建模"。当我们对企业内的各类信息进行筛选、归纳、总结、命名与关系组装（结构设计），就产生了企业的各种概念模型（业务模型）。

- **数据世界**：将"眼中世界"进行数据化，将概念模型转换为数据模型，并且建设成可以用系统处理的数据体系，就形成了企业的"数据世界"。

所以，数据模型是通过数据"记录真实世界（企业）"的方式，有些像"著书立说"，可以让大家全面而深刻地了解企业的业务场景与业务定义。因此，数据模型设计的优劣与否，就成为企业数据中台建设成败的关键。

数据产品经理在设计数据体系的整体架构与数据模型时，要弄明白每张数据表都有哪些字段，需要确认与修正字段定义，同时要搞清楚数据表之间有什么联系，然后结合业务场景增减字段、建立关系，打造出具有非冗余、稳定、一致和易用等特征的数据模型。

数据模型设计的最终输出物，主要包括如下3个要素。

- **数据结构**：用于描述系统的静态特征，主要包括数据的类型、内容、性质及数据间的联系等。
- **数据操作**：用于描述系统的动态特征，主要包括数据的插入、修改、删除和查询等，也就是描述在数据结构上所进行的操作。
- **数据约束**：用于描述数据结构内数据间的语法、词义联系、制约和依存关系，以及数据动态变化的规则，确保数据的正确、有效和相容。

当数据表结构简单、数量少时，数据建模不难，但是当数据表成百上千时，面对乱如麻的数据表关系，建立一个适用的数据模型就成为一件难事。我们不仅要掌握基本的建模知识，还要深入了解业务场景。

数据中台覆盖了企业的全域数据，所以数据产品经理接手数据中台项目需要有"明知山有虎，偏向虎山行"的勇气。

5.2.2 数据中台的数据模型

关于数据模型对数据中台建设的重要性，在此不再赘述。在本节，笔者主要想和大家聊一下，数据中台所涉及的数据模型的类型与对应的建模方法。

其实，不同岗位的人对于数据模型的理解与分类，存在着不同的认知。不过聚焦在数据中台项目上，我们可以把常用模型分为两类：**存储模型和应用模型**。

- **存储模型**：这是数据体系的载体，需要为数据存储提供模型策略，这也是数据治理工作需要完成的工作内容。
- **应用模型**：这是在数据体系初具规模之后，进行数据分析、数据挖掘时所用的数据模型。该数据模型旨在解决实际问题、创造更多的业务价值。

下面让我们通过对 E-R 建模与维度建模的介绍，来了解数据模型常用的建模方法。

1. E-R 建模

E-R 建模法就是实体关系建模法，适用于从企业高度进行 3NF（第三范式）模型设计，4.2.2 节（数据建模工具）列举过相关实例。在数据中台的数据体系建设中，我们需要面对数据整合与一致性治理等工作，E-R 建模法同样是一个不错的选择。

E-R 模型的基本要素是实体、属性与关系，如下所述。

- **实体**：指的是数据对象，常用于表示一个事物或事件，在 ER 图中用矩形框表示。
- **属性**：这为实体的描述信息（特征），一个实体可以具备多个属性，在 ER 图中用椭圆表示。
- **关系**：表示一个或多个实体之间的联系，一般有 3 种情况，分别是一对一、一对多、多对多，在 ER 图中用菱形表示。

下面让我们以演员、导演与影片的关系为例，展示一下 ER 图，如图 5-2 所示。

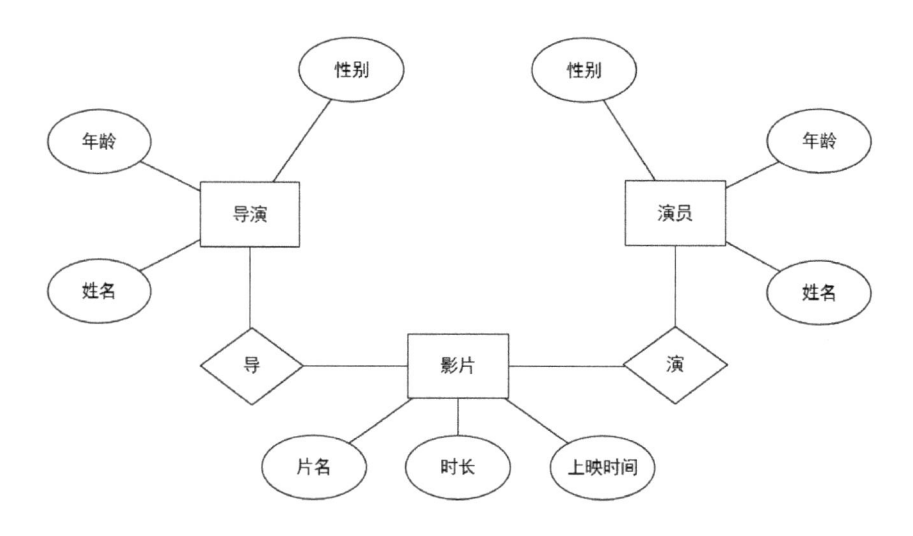

图 5-2 ER 图（范例）

E-R 模型的建模过程，可以按照自上而下的方式进行，操作步骤如下。

- 确定数据范围，进行业务调研。
- 梳理数据业务关系，进行模型框架设计。
- 完成 ER 图与范式设计，构造数据库需要遵循的规则。
- 规范数据定义，进行数据验证。

上述步骤中提到了范式设计，这里的范式涉及的是离散数学的知识，可以解决数据存储与优化的问题。范式设计的原则是可以通过关系寻找数据，避免重复存储，从而减少数据的冗余。

范式分为 6 层，层层递进，满足当前层级范式的前提是满足了上一层范式，在 E-R 建模中一般引用前三层，需要满足以下 3 点。

第一范式（1NF）：原子性，数据不可再分，保证每个字段的内容不能再次分解。

第二范式（2NF）：唯一性，消除部分依赖，保证每一行数据都具有唯一性。这需要让数据表中没有包含在主键的列完全依赖于主键，而不能只依赖于主键中的部分字段，如表 5-3 所示。

表 5-3 演员片酬表（虚拟）

演 员	性 别	影 片	片酬/元	上映时间
张小墨	男	山中何事	120 万	2019/1/1
张小墨	男	松花酿酒	100 万	2019/5/1
佟小白	女	春水煎茶	90 万	2019/10/1

在表 5-3 中，演员不能作为独立主键，需要结合影片组成一个复合主键。但是我们发现只有片酬依赖于这个复合主键，性别并不依赖于影片，只依赖于演员；上映时间也不依赖于演员，而是依赖于影片。这就出现了部分依赖，不符合第二范式。

解决上述问题，可以采用取消复合主键，使用逻辑主键的方式，如表 5-4 所示。

表 5-4 演员片酬表（增加序号）

序 号	演 员	性 别	影 片	片酬/元	上映时间
1	张小墨	男	山中何事	120 万	2019/1/1
2	张小墨	男	松花酿酒	100 万	2019/5/1
3	佟小白	女	春水煎茶	90 万	2019/10/1

除了添加逻辑主键的方式，还可以通过拆表的方式来解决上述问题，在第三范式的内容中会进行相关介绍。

第三范式（3NF）：独立性，消除传递依赖，尽可能让表中字段都依赖于主键，从而避免数据冗余。

如第二范式中列举的示例，可以通过拆表，将存在传递依赖的字段和其所依赖的字段一并抽取出来，形成一个新表。需要查看对应信息的时候，通过关联主键进行信息查找，如表 5-5～表 5-7 所示。

表 5-5 演员片酬表

序 号	演员 ID	影片 ID	片酬/元
1	1	1	120 万
2	1	2	100 万
3	2	3	90 万

表5-6 演员表

ID	演　　员	性　　别
1	张小墨	男
2	佟小白	女

表5-7 影片表

ID	影　　片	上　映　时　间
1	山中何事	2019/1/1
2	松花酿酒	2019/5/1
3	春水煎茶	2019/10/1

通过拆表的方式，可以确保每张表信息的独立性，避免数据冗余。将以上3张表通过E-R建模的方式梳理成ER图，当前场景的建模工作便完成了。

2．维度建模

维度建模是数据仓库建设中的常用建模方式，适用于分析决策的场景，可以快速解决用户的分析需求，其所构建的数据模型自然也是为分析需求服务的。在维度模型中，最为常见的就是星形模型和雪花模型，上述模型均由两个基本要素组成：事实表和维度表。首先就让我们先了解一下事实表和维度表的基础概念。

事实表主要包含维度（维度表的外键）和度量，简单说就是记录了"什么人，在什么时间与什么条件下，做了什么事情"。

作为维度模型的建模核心，事实表需要围绕业务流程来设计，通过引用维度和度量来记录业务过程，主要有以下3种类型。

- **事务事实表**：面向事务，描述业务过程，保存了最细粒度的数据，因此也称原子事实表。
- **周期快照事实表**：按照具有规律性、可预见性的时间间隔进行事实记录，其更新方式为增量更新。
- **累积快照事实表**：用于描述时间跨度不确定时的活动信息，记录开始和结束之间的关键步骤事件，覆盖过程的整个生命周期。

维度表反映业务的属性，是对事实表的补充说明。维度属性是事实表查询的约束条件，也是事实表实现聚合操作的依赖与实现数据易用性的关键。

维度属性的丰富度，不仅决定了事实表的分析切割能力，还决定了用户的数据分析空间是否广阔。常见的维度属性有地址维度（国家、省、市、区/县，甚至乡镇的层级关系）、时间维度（年、季、月、周和日）等。

为了便于大家理解，我们以某用户购买二手房为例，其维度建模示意图如图 5-3 所示。

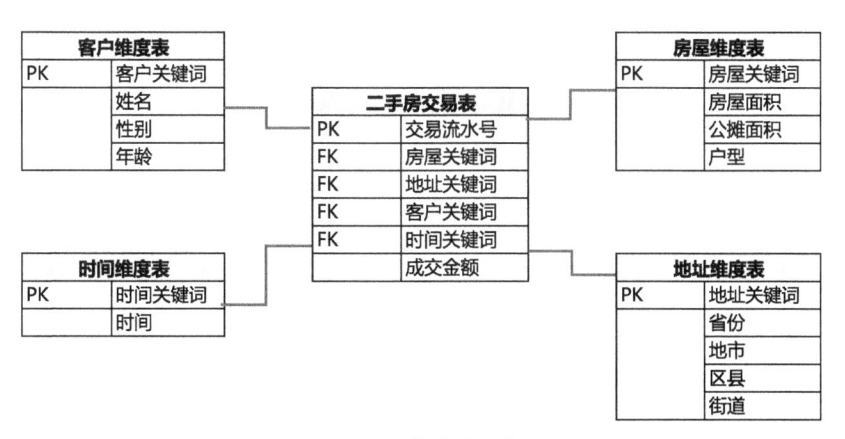

图 5-3　维度建模示意图

数据中台的数据体系是面向业务的数据体系，所以在数据中台项目中，维度建模是相当常用的一种建模方式。一般来说，维度建模过程会自下而上分为以下 4 步。

- **明确业务过程**：分析业务场景，选择对应的业务过程。
- **确定粒度**：确定事实表的粒度，该部分工作既要满足当前的业务需求，又要考虑未来的需求扩展。
- **确定维度**：基于事实表粒度进行维度表设计，在维度表设计中，需要考虑业务分析的扩展性，做好维度拓展。
- **确定事实**：选择适用于业务过程的事实，确定指标并明确指标的计算规则，如"收入"类指标可以在任何维度上进行累加计算，而"会员"类指标需要在某些维度上进行去重计算。

在实际建模工作中，人们不应该被方法论局限。就像学习武术，方法论是基础，而实战不要拘泥于套路，只有这样才能成为"武林高手"。

所以，数据产品经理可以结合多种建模方式来完成工作。在此过程中，数据产品经理需要充分考虑的是如何合理地存储数据，如何满足更多的业务场景，以及如何创造更多的业务价值。

5.3 数据体系建设实例

数据中台的数据体系建设，除了要处理业务系统产生的业务数据，还要处理大量的主数据，也就是系统间的共享数据，如客户、供应商和组织架构的相关数据。

本节将继续以数据产品经理佟小白为例，讲述她在 A 公司数据中台的数据体系建设中，对职能数据的治理与建设工作。

A 公司的职能数据，涵盖了 eHR 系统、OA 系统、供应商管理系统、行政管理系统，以及各类财务管理系统中的人力、行政和财务数据，还有一些职能数据没有实现线上化，仍在线下维护。

在数据中台的职能数据体系建设前，人力、行政和财务部门及业务部门，对职能数据各有依赖。由于职能线没有统一的数据出口，大家使用相关数据时，各自催要，数据获取周期长；各系统的数据口径不统一，很多时候还需要手动处理进行二次加工，数据共享的沟通成本也极高。

佟小白了解上述情况后，开始了她在数据中台职能数据领域的征战之旅。

5.3.1 数据现状盘点

俗话说，知己知彼，百战不殆。

想料敌于先，就要将现状了然于胸。所以佟小白首先对职能数据现状进行了盘点，这项工作主要分为以下两个部分。

1. 对现有数据的梳理

本节开篇，提到职能数据存在于各个线上系统与线下表格中，所以完成这部分工作也要分为两步。

通过与人力、行政和财务各系统的负责人对接，佟小白对各系统所维护的数据进行了梳理，在此过程中共有以下两项工作产出。

- **数据分类**：在人力、行政和财务的大分类的基础上，进行数据类型细化。例如，行政数据可以分为办公地点类、固定资产类、行政管理类等。
- **数据样表**：收集各系统数据样表（明确数据字段），并注明数据来源、更新频率与数据口径等信息。

其次，佟小白对未录入系统的线下数据进行了盘点，参照线上数据的操作步骤，完成了样表收集与数据分类补充等工作。

2．对现有数据需求的梳理

在梳理现有数据的过程中，佟小白与职能线各部门负责人，对各部门现有输入与输出的数据需求进行了盘点，摸底了各部门需要其他部门提供什么数据，以及给其他部门提供了什么数据。

在此过程中，佟小白主要的工作产出由以下两部分组成。

- **需求汇总**：数据需求的汇总文档，统计内容包括需求部门、需求名称、需求描述、数据类型（财务管理类、员工管理类等）、数据来源（系统获取、线下获取等，如为系统获取，则需要明确来源系统）、数据提供方（业务干系人，不一定是系统所在部门）、核心字段（明确核心字段及统计口径）、数据使用频次（日、周、月、季、年或不定时等）、数据形式（明细数据、统计数据等）、衍生功能（可视化报表等）等字段。
- **数据样表**：收集数据需求样表，按照明细表与统计表进行分类，确定表字段的业务定义与统计口径。

对佟小白来说，数据摸底是一场持久战。在摸查过程中，她发现了很多统计口径存在差异的数据，也见识了一些从未想到的统计方式，而这些仅是佟小白职能数据体系建设工作的第一步。

5.3.2 需求分析与框架设计

完成对数据现状的初步盘点后，佟小白开始了她的第二步工作，那就是将所收集的数据需求与现有系统数据进行匹配,并进行数据主题域的划分与职能数据体系的整体框架设计。

在此过程中,有以下几个注意事项。

1. 聚合数据使用场景

佟小白在以数据需求汇总文档为基础,进行数据主题域划分时,并没有一味地搬运需求,而是将各类需求按照需求描述与数据类型进行了聚合,避免自己成为业务需求的搬运工。

例如,财务需要每月统计公司各部门的在职人员编制(Headcount,HC)数,行政需要每月统计公司各办公地址的实际 HC 数,因为这些需求都需要依赖人力部门维护的员工信息数据,所以在进行数据主题域划分时,佟小白将这些需求统一合并在了 HR 数据域中的员工 HC 主题下。至于财务与行政所需 HC 数的区别,也只是统计口径的不同:一个是按照组织架构统计的;另一个是按照办公地址统计的。

诸如此类的需求还有很多,经过佟小白对数据使用场景的聚合,需求总量被大大减少了。

2. 确保核心数据线上化

通过数据盘点,佟小白发现有很多业务部门常用且关键的数据,并没有实现线上化,仍然依赖人工线下维护与传递,这对数据质量的把控与数据体系的建设都存在严重的影响。

所以在需求分析与框架设计过程中,佟小白将核心的线下数据进行了分类梳理,并向相关业务方提出数据线上化的需求。

同时,为保障数据中台的建设进度,佟小白提出了临时性解决方案,由数据中台团队提供数据上传入口,优先将现有线下数据上传至线上。让线下数据先进来,然后由业务方对相关系统建设进行立项,保障后续数据的线上化。

由此可见,在数据中台的数据体系建设过程中,不仅数据中台团队存在开发工作量,很多之前被忽视的场景,都会因为数据中台的建设被挖掘出来,从而产生很多衍生系统的开发工作量。当然,这也是数据中台推行的难处与困境。

3. 制定数据安全方案

佟小白在推进职能数据体系建设的工作时，除了解决因数据逻辑与系统逻辑不同所带来的业务分歧，还梳理了各系统的敏感字段，与业务部门对敏感字段的处理方案达成了共识。

例如，在人力部门管理的员工数据中，职级、薪酬及身份证号等信息都属于敏感信息，不能直接暴露在系统与数据库中，需要进行特殊处理。

在数据存储时，需要进行加密存储。申请该部分数据需要申请对应秘钥，由人力干系人审批后，方可获取使用。

因此，佟小白在制定数据安全方案时，针对不同的数据内容分别进行了审批流程的设计。

5.3.3 数据字典与数据模型建设

完成数据主题域与框架设计后，佟小白又打了一场需要不断与业务部门沟通的"战役"，即数据字典与数据模型的建设。前两节已经为大家介绍了数据字典与数据模型建设步骤，所以下面我们着重讲一下佟小白在此过程中遇到的坎坷。

佟小白在实际工作中所遇到的困难，远比文字描述的深刻，主要有以下两点内容需要着重说明。

1. 数据口径不一致的争吵

这印证了近几章反复讲述的内容，终究佟小白也没能逃过。

数据字典建设既需要明确各数据表字段的统计口径与业务定义，又要对业务逻辑进行核对，这些与人打交道的工作，消耗了佟小白大量的精力。尤其是核对各业务部门的数据口径时，不可避免地存在口径不一致的问题，而各业务系统的统计口径又在支撑着各自的业务场景，打破业务部门原有习惯所带来的"负面情绪"，给佟小白带来了很大的工作压力。

至于处理技巧，大家可以回顾 5.1.3 节（数据字典建设的坎坷）中所介绍的内容。

2．数据依赖所带来的分歧

除了达成业务共识、统一数据标准产生的分歧，在推进职能数据体系建设的过程中，佟小白还发现了一些数据依赖带来的分歧。

比如，行政部门依赖于人力部门"预测 HC 数"的数据内容，因为需要根据员工数据变化来提前调整工位数，完成办公场所的工位管理工作。另外，行政资产部门还依赖于工位数据，因为需要提前准备电脑等资产。因此，如果 HC 数据更新不及时，会直接影响工位数据，进而影响到资产数据，造成连锁反应。

佟小白在推进该工作时，与行政部门沟通了 HC 数据更新周期的要求，并了解了人力部门 HC 数据的更新现状。然后，她组织了需求沟通会，邀请相关业务与系统干系人参会，重新确定数据更新周期，因部分数据需要人工填报，所以还在会上制定了填报规范，并由总部人力部门下发至各 HRBP 团队执行。

所以佟小白在职能数据体系建设中，除了产品经理的本职工作，还承担了职能数据跨部门合作规范制定的重任。作为数据中台的项目组成员，佟小白并没有人力、行政和财务部门人员的管理权限，除了数据中台的项目执行力，所凭借的就是她的沟通与协作技巧。

5.3.4 数据服务设计

完成了数据字典与数据模型的建设，数据开发人员正式进入了开发环节。在此过程中，佟小白需要完成需求澄清与项目管理工作，实现数据仓库与数据集市的建设落地。

除此之外，佟小白开始基于职能数据体系进行数据服务的相关设计，并配合数据平台产品经理同步进行职能数据平台（数据工具平台）的设计。有关数据平台与数据平台产品经理的相关内容将在后续章节中为大家介绍。

在佟小白设计的诸多数据服务方案中，有以下 3 项最为常用。

- **数据查询**：构建职能数据地图，聚合常见查询场景，为用户提供便捷的数据明细查询路径。
- **可视化报表**：基于统计类数据需求，进行可视化报表设计，满足职能核心数据报表需求，该部分的工作产出需要依托企业 BI 系统。

- **数据服务 API**：根据不同的数据应用场景，进行 API 聚合封装，对外提供职能数据的接口服务与权限认证服务。

经过佟小白与数据中台团队成员的共同努力，A 公司完成了职能数据体系建设，实现了职能数据融通，并打造了一系列职能数据服务，**全面提升了职能数据质量，完成了职能数据规范、统一、便捷的输出，降低了职能部门间数据共享的沟通成本，达成了推进工作提效的目标**。

同时，佟小白作为数据产品经理协助数据平台产品经理完成了职能数据平台的建设，为用户提供职能数据查询、决策分析、调用申请的平台入口，以及监控提醒等功能，实现了职能数据的体系化与平台化建设。

佟小白是千百位数据产品经理中的一员，虽然各企业的业务方向不同、数据现状不同、组织架构不同，数据产品经理的工作流程可能也不相同，但是我们可以通过佟小白的例子，让大家看到原来还有这样一种工作方式。看到新的可能性总是一件让人感到快乐的事儿。

第6章

企业数据价值的探索

有人把数据中台的数据团队称为企业数据资产的管理团队，但是数据体系的运行迭代，依赖于各个业务系统的数据生产与数据使用，所以笔者更习惯把数据中台的数据团队称为"数据信托机构"。其目标是使用企业数据资产为业务方创造更多的实用价值。

有不少业务部门配备了数据运营团队，所以数据中台的数据团队在数据体系初具规模后，会协助业务方的数据运营团队进行业务问题分析与数据价值挖掘等工作。前文提到，随着数据中台的兴起，企业数据资产愈加体系化，提供给数据产品经理与数据分析师展示的舞台会越来越大，两者的合作机会也会越来越多。

在本章中，让我们通过两个案例，看一下数据中台的数据体系运行后，数据产品经理与业务团队合作碰撞出的火花有多么耀眼。

6.1 App 用户流量波动分析案例

本节将以 A 公司推出的图书阅读类 App 为例，为大家介绍数据中台初具规模后，数据产品经理是怎么样配合业务团队解决实际业务问题的。

在此过程中，数据中台的数据团队，尤其推进项目执行的数据产品经理，需要秉持着如下原则。

- 中立：确保所提供的数据中立，具备客观性与公正性，不被业务方左右，不因业务所背负的 KPI 任务使数据失去中立性。
- 全局：具备企业全局观，不沉陷在某一条业务线或某一个产品上。数据体系需要具备企业高度，对外提供数据服务也需要对企业全局业务负责。
- 开放：与业务数据运营团队或其他具有数据需求的团队合作，需要具备开放的心态，可以接纳质疑的声音，从而完成数据体系的优化。
- 专业：保持数据从业人员的专业性，让合作者信任，甚至信服。

2020 年第一季度，受疫情影响，很多人需要居家隔离。在此期间，A 公司图书阅读类 App 的整体下载、安装与使用的相关指标均呈现出了一定的增长趋势。

但是业务方发现，有一部分图书品类的付费情况出现了失衡，如科技 IT 类图书的付费率在上涨，而小说品类的付费率却在持续下降。除此之外，产品用户留存情况也出现了波动，即用户忠诚度发生了变化。

随着互联网行业竞争激烈程度的提高，产品的获客成本日益增长。相关营销实践表明：获取一个新用户所花费的成本是留存一个老用户的 5～10 倍。

因此业务方希望得到数据中台的数据团队的支持，找出导致图书付费率与用户忠诚度出现波动的因素，并希望重新构建产品的用户忠诚度模型，优化产品的相关功能与运营策略。

在上述背景下，我们首先与业务方协作，对该 App 的用户生命周期进行了梳理，明确了各步骤的关键指标，如图 6-1 所示。

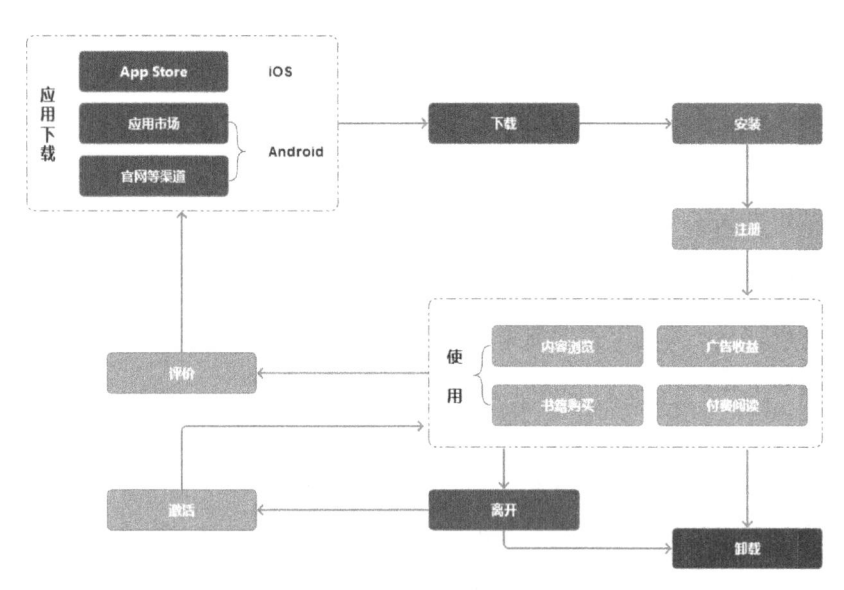

图 6-1　图书阅读类 App 用户生命周期

通过图 6-1，可以发现图书阅读类 App 的盈利漏斗十分简洁，其主要收入来源为付费阅读与广告收益，具体到需要解决的两个问题，如下所述。

- 图书品类间付费趋势出现差异。
- App 整体用户留存率出现波动。

通过简单的思考，可以发现这两个问题的落点都是用户。不管是用户付费，还是用户留存，分析主体都是用户。基于这样的思考，我们可以使用"三因素分析法"，进一步探测是哪些因素对用户数据产生了较大的影响。

所谓三因素分析法，是指分析指定时间区间内是否存在如下因素变化。

- **产品因素**：产品功能变更，尤其是与业务问题存在直接关联的相关功能，属于内部因素。
- **业务因素**：业务推广的影响，本线或他线推广都需要考虑在内，属于内部因素。
- **环境因素**：重大的社会事件、社会热点等外部因素，包括对业务数据所产生的连锁影响，属于外部因素。

在分析工作推进过程中，用户流量波动分析之数据流转如图 6-2 所示。

图 6-2 用户流量波动分析之数据流转

用户使用 App 会产生注册、阅读、付费与卸载等行为，这些行为数据会在数据库中进行存储，而数据中台的优势在于不被单一 App 局限。

A 公司推出了多款产品，除了图书阅读类 App，还有新闻门户类 App 与短视频 App 等，这些产品数据在数据中台得以融通。在我们对图书阅读类 App 进行分析时，其他 App 数据也会对用户行为进行补齐，从而让用户画像变得更加立体与清晰。

在本次分析中，数据中台团队协助业务方跳出了单一业务线的局限，以企业全局视角结合图 6-1 中所梳理的用户生命周期，进行分析指标的选择，并完成相关的数据处理，然后配合业务方进行挖掘建模与策略输出，最后通过后续业务数据的变化趋势，对策略置信水平进行评估。

下面就让我们分别看一下，在上述不同阶段中，数据产品经理都是如何配合业务方达成工作目标的。

6.1.1 后勤保障，提供数据支援

俗话说，兵马未动，粮草先行。

解决本次业务需求的首要任务是明确我们需要的数据指标，并细化出分析维度，然后把数据准备出来，这样才能开展后续工作。

1. 圈定分析指标

依照指标可量化与线性独立的原则，结合 App 用户生命周期图，我们可以选择以下 6 个指标。

（1）用户最近使用时间：用户最近一次使用App的时间。

（2）日均使用时长（周）：统计用户在当周使用总时长/当周天数。

（3）周付费频次：以周为单位，统计用户当周付费阅读的次数。

（4）周付费金额：以周为单位，统计用户当周付费总金额。

（5）付费品类：以周为单位，统计用户当周付费阅读大类，如科技IT等。

（6）用户广告营收：以周为单位，统计用户当周点击或阅读广告为企业带来的收益（CPC等计费模式）。

除了上述指标，还要获取可以反映用户身份、兴趣爱好、在其他App的使用情况等信息。例如，用户标签中的年龄、学历、地域等信息，以及新闻门户与短视频等App的日均使用时长等信息。及时提供上述数据信息，正是数据中台的能力所在。

将上述信息从数据中台中抽取出来，通过加工处理，生成本次数据分析需要的数据集。由于数据中台对数据体系的治理与建设，极大地降低了数据抽取与数据处理的难度，不再需要进行大量的数据清洗与数据转换。而且，数据中台提供了很多数据工具，可以进行可视化的数据处理操作，这也降低了数据处理的技术门槛。

2. 数据多维分析

数据中台成为后勤保障的"兵工厂"，数据产品经理也就成了"粮草官"。

在支撑业务方获取上述数据后，通过指标与维度的组合进行数据多维分析，可以反映出一些很有意思的产品与业务趋势。下面就为大家举两个例子，如表6-1与表6-2所示。

表6-1　广告营收分析

关　键　项	详　　情
分析指标	周付费金额、用户广告营收、用户标签信息（年龄、学历与地域等）
分析思路	以周付费金额与用户广告营收为纵轴，查看不同年龄、学历与地域的收入分布情况，并查看上述指标的趋势变化
分析结果	2020年第1季度，下沉市场用户占比增加，该部分用户付费意愿较低，但其所产生的用户广告营收占比较高

续表

关 键 项	详 情
结论推演	受疫情影响,很多下沉市场用户无法外出务工,促使其下载使用图书阅读类App,但这部分用户付费意愿低,更倾向于查看广告获取免费阅读的机会
下一步动作	分析下沉市场用户的日均使用时长(周)的品类占比,查看是否影响了小说品类App的付费阅读转化率

表6-2 使用时长分析

关 键 项	详 情
分析指标	日均使用时长、其他产品的日均使用时长(新闻门户、短视频等)
分析思路	分析图书类App中各品类的使用时长占比,并对企业各App近期的使用时长的占比趋势进行分析
分析结果	近期小说品类的阅读时长占比增幅明显,企业各App的使用时长也均呈现出了增长趋势,但图书阅读类App整体时长增长趋势低于其他产品,使用时长占比呈现下跌趋势
结论推演	因居家隔离,造成用户移动App的使用时长增加,但图书阅读类App在时长占比上并不占优势; 虽然App本身使用时长在增加,但其时长占比却在下降,这并不是一个积极的信号,需要引起业务部门的警惕
下一步动作	将日均使用时长进行细化,分析每日使用时间分布情况,如果早8点到晚6点的使用时长占比较高,在疫情结束后,随着各企业的全面复工,使用时长数据势必会受到影响,业务方需提前进行运营策略的调整

对于本章开头提到的业务问题,很多都可以通过表中的分析方法进行分析,但这样的分析一般是解决具体问题的,想要产生长久收益,还要结合业务场景进行挖掘建模,如前面提到的用户忠诚度模型。

6.1.2 战术参谋,协助模型设计

数据产品经理进行用户忠诚度分析时,首先要配合业务方对忠诚度进行分类与定义。

最简单的分类方式是分为4类:一直忠诚、由不忠诚变为忠诚、由忠诚变为不忠诚、一直不忠诚。

这里的难点是什么是忠诚。例如，我们可以定义用户每月产生付费阅读或因其所产生的广告营收达到某个阈值就计为忠诚，或者日均使用时长达到某个阈值就计为忠诚。

想要找到一个满足当前产品发展要求的标准定义，并不是一件容易的事情。数据中台的数据产品经理，在此期间就像是业务方战术参谋，为他们出谋划策，但是拍板定案的角色需要由业务方来担任。

另外，数据产品经理还需要选取适用的分析模型，推进挖掘建模工作。例如，使用 RFM 模型实现用户分层。

所谓 RFM 模型，一般指通过 R（最近一次消费）、F（消费频次）、M（消费金额）3 个指标来进行用户价值分析，如图 6-3 所示。当然，在实际业务场景中，我们也可以选取其他指标实现用户分层。

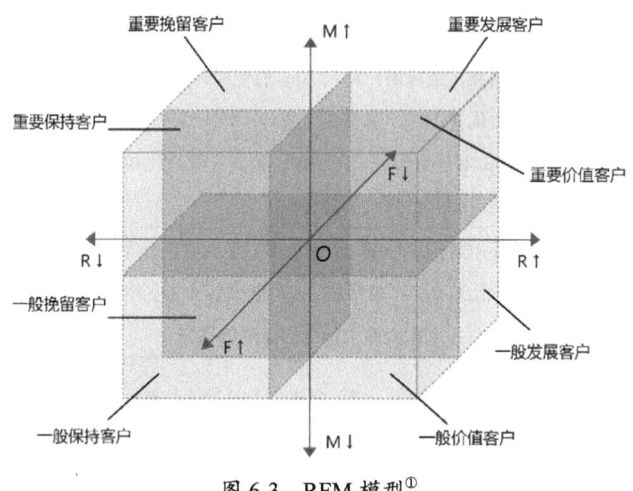

图 6-3　RFM 模型[①]

在对图书阅读类 App 进行用户分析时，需要根据实际的业务场景确定 R、F 和 M 对应的指标及区间断点。在此过程中，我们可以通过数据中台积累的数据资产，获取其他业务线的模型标准作为参考，避免当前的分析脱离业务实际，出现过多的区间断档。

---

① RFM 模型：柳鑫. 基于势能场模型的层次优化聚类算法研究[D].

用户群体细分是按照业务目标依照用户相似度进行群体区分的过程，这样的操作便于业务方更好地识别不同的用户群体，从而针对不同的用户群体制定不同的营销策略。

同时，在用户群体细分的基础上，我们需要建设用户行为模型，引入数据中台的融通数据，实现用户群体归属的动态调整，让业务方更清晰地把握当前用户的动态。

在上述过程中，比较常见的算法模型还有 K-Means 算法和 K-最近邻（K-Nearest Neighbor，KNN）分类算法等。如果大家感兴趣，可以查阅一下相关资料。

数据产品经理虽然很少运行算法代码进行实际操作，但是懂得算法的使用场景还是很有必要的，这样才会成为更为称职的"战术参谋"。当然，除了协助模型设计的参谋角色，数据产品经理还肩负数据供应与质量保障的工作职责，需要根据建模要求完成数据补充的协调工作，为建模仿真的最终工作产出保驾护航。

6.1.3 成果验证，提高策略可信度

通过数据分析与建模仿真解决业务问题，不可避免地存在假设和误差，因此最终制定的产品与运营策略也可能产生偏差。所以，数据产品经理需要对分析结论与数据模型的可信度进行验证，然后对策略可信度进行验证。

1. 模型验证

说起数据模型的验证，好像是一个技术问题，那么数据产品经理在其中扮演着什么样的角色呢？

数据模型可信度验证的实现核心是抽样测试，也就是通过小样本的数据模拟整体分布情况。例如，在验证上一节提到的 RFM 模型时，可以通过人工筛选的方式，选取 1000 名业务方确认为重要价值客户的用户，然后将这些用户的相关信息输入 RFM 模型中，查看模型所得出的用户的层级分布情况，由此推算该模型的可信度。

在上述验证过程中，数据产品经理需要配合业务方完成测试数据的准备工作，

并根据测试结果协助业务方对模型进行调优处理。

2．策略验证

分析案例的最终落脚点是业务方根据分析结论制定出了相关策略，那么我们该如何来验证策略的可信度呢？

一般情况下，我们会通过 A/B 测试的方式完成策略可信度验证。以产品迭代策略为例，搭建 A/B 测试，会选择在相同时间条件下，让相同用户层级的用户群组，随机访问不同的功能版本，收集不同功能下的用户体验数据与业务数据进行分析，进而完成策略可信度评估。这种验证方式，还适用于多种策略的效果对比，从而决策出最终方案。

A/B 测试的具体操作步骤如下。

（1）**确定测试目标**：选择参加测试的方案，设置测试指标。

（2）**圈定测试用户**：确保用户组成成分相同（相似）。

（3）**分配测试流量**：回收实验数据，即收集相应的用户行为数据。

（4）**测试结果分析**：如一段时间内均达到测试标准，则可以结束测试；如未达标，则延长测试时间；如长时间未达标也需要考虑停止测试。

在此过程中，数据中台的数据产品经理需要实际参与业务方专题项目，配合业务方设置测试指标，完成测试用户群体的筛选，并对实验数据进行回收分析，将数据侧的趋势情况反馈给业务方。

如果业务方没有数据开发工程师等技术资源支持，数据中台团队也可以承接这部分工作，成为专题项目的技术开发依赖。

数据中台的对外开放能力，也将不再局限于数据平台能力，而是包括团队的数据开发能力。

6.2 从数据到智能的无限遐想

在 1.2.1 节（数据中台的价值）中，我们提到过数据智能的想象空间，这是大数据的蓝海领域，也是数据中台给予数据产品经理的新舞台。

数据中台拥有的海量优质数据资源，就好似源头活水，既可以满足现有业务场景的分析所需，又可以碰撞出新的业务模式与产品创新点，反哺原有的业务发展，让数据中台与业务系统构成良性闭环。

上述过程，拔高了数据中台的使用价值，也在更深的层次完成了数据价值挖掘。下面让我们通过两个基于数据中台完成产品优化的案例，感受一下数据中台与数据产品经理的"伟大"之处。

6.2.1 有温度的智能客服

传统客服行业通过人工座席的方式实现全天候服务，需要投入大量的人力。客服人员在实际工作中除了要解答大量重复性的问题，还不可避免地会遇到一些无理取闹的客户，造成工作时间的浪费。

最近几年 AI 概念大热，客服行业高频、重复的问答模式好像找到了一个解决问题的出口，从在线服务到电话服务，人工智能结合语音识别技术，为客服行业带来了巨大的机遇。所以，我们要肯定智能客服所带来的贡献。

但是，环顾目前经常接触的智能客服服务，不管是文本会话类，还是语音对话类，带给我们的感受大多数还算不上智能，甚至有些对话就像是个"铁憨憨"，在一问一答中略显僵化，在多轮对话、知识推理与情感识别等方面，同样存在着一些不足。

其实，大多数智能客服产品都具备自主学习能力，所用算法也在不断优化。想要提高问答准确率，它们需要大量的数据沉淀，不仅是沉淀业务知识库中的知识内容，还需要积累人工客服的互动反馈、情感表达等内容。通过不断地沉淀上述数据，进而完成对智能客服的训练。

当企业选择使用智能客服，数据中台催化剂的作用就得以凸显。数据中台沉淀的各类数据，可以为智能客服系统提供持续不断的养料。此时，数据中台扮演着全域融通数据提供者的角色。

例如，当某用户在图书阅读类 App 中进行相关咨询时，我们除了可以了解该用户的基本信息、App 内付费数据与浏览数据，还可以通过数据中台的服务能力，获知该客户在企业其他产品下的行为数据，如短视频 App 内容的兴趣偏好标签等信息，从而使得智能客服系统更全面地了解客户。

另外，数据中台会接入企业各业务线的客服数据体系，并进行融通存储，使得这个数据流转的闭环产生极高的收益。

例如，用户还是在图书阅读类 App 中进行问题咨询，然后我们发现该用户在企业其他 App 内已经存在过咨询行为，根据历史沟通信息获知用户的交流习惯与服务偏好，避免本次咨询问答过程再踩过去的"坑"，从而使服务效率得到提升。

在上述过程中，数据中台的数据产品经理既是提供智能客服系统训练数据的协作者，又是数据中台客服数据体系优化迭代的建设者。

当然，智能客服系统的产品功能建设包括很多方面，也会衍生出很多关联系统，如在线客服系统、智能外呼系统、工单系统及数据监控（数据大屏）等。而这些衍生系统同样可以享用数据中台的服务能力，如数据可视化的能力。

6.2.2　无骚扰的消息推送

如今，几乎每一个移动 App 都或多或少地使用着消息推送功能。在运营推广中，消息推送也是最为常见的运营手段，既可以起到内容告知的作用，还可以提高用户活跃度，实现召回原有用户的目的。

在过往的日子里，我们见到了许多不友好的消息推动案例。在无差别的大规模推送中，用户接收了大量的无用信息。这不仅没有达到运营目的，还引起了用户反感，甚至造成一些用户直接卸载 App 的现象发生。因此，业务方一直想寻找合适的用户群体实现精准营销和无骚扰的消息推送。

数据中台，不失为一剂良药。

首先，数据中台可以为业务方"煎制"出优化版的用户画像（标签）系统。在数据中台能力的加成之下，我们可以从海量数据中提炼出更多的用户基础特性与行为特性，不断地丰富企业的用户标签体系。

通过用户画像（标签）系统，我们可以协助业务方找到目标用户，并明确用户的喜好与厌恶，由此完成更加精准的营销推送。

其次，数据中台汇聚了各 App 在消息推送后的用户行为数据，通过对消息推送后的用户行为数据的分析，可以完成消息推送效果的评估，进而给予运营规则优化的相关建议。

在上述流程中，数据中台体系下的用户画像（标签）系统，可以根据当前产品与服务的特点，帮助业务方把合适的产品、合适的服务推荐给合适的人，为企业运营团队提供一次服务进阶的机会，让他们感受到大数据带来的实用价值。

不少企业拥有自研的消息平台产品，所以消息推送功能与推送规则的设计是由消息平台的产品经理推进的，而数据中台的数据产品经理的发力点是将用户画像（标签）系统与各业务系消息平台进行横向打通，简单总结有以下两点。

- 为消息平台提供圈定目标用户的上游服务。
- 为业务方提供消息推送后，用户行为数据汇总分析的下游服务。

用户画像的基础是用户标签，这是一个看似容易，实则艰难的工作。在实际工作中，除了结构化标签，还存着大量的非结构化标签，而且具有时效性，这极大地影响着用户画像的置信度。另外，用户标签可以简单理解为用户的"行为特征"，所以在进行用户画像建设时，需要设定每个标签的权重，来表征该标签对用户的重要程度，因为不同的行为对用户的影响程度不同，这个标准的定义同样难以把握。诸如此类的问题，都需要我们来解决，本书第 9 章会为大家详细讲解用户画像的相关内容。

在本节，我们介绍的智能客服和精准营销，是数据中台从数据走向智能的价值体现。而数据中台打造数据服务的发展路径，符合数据价值层次发展，一般分为以下 3 层。

- 记录事物发展过程。
- 探究事物发展本质。
- 预测事物发展趋势。

依照上述层次的发展，数据中台不断迭代与优化着自身的数据服务，从而解放企业的"生产力"。例如，通过对产品收入、流量与外部环境波动等情况的分析与建模,实现企业经营情况监控,提前规避经营风险。

数据中台的智能服务建设,在提高平台应用价值的同时,也对相关从业者提出了更高的要求。数据产品经理需要不断地接触业务,掌握业务发展趋势;还需要在不断夯实数据知识的同时,了解新的算法,具备挖掘数据背后内容的洞察力。

当数据产品经理做到了这些,笔者相信在 DT 时代的注脚上,将留有他的姓名。

第 7 章

数据平台产品经理的盾与矛

前文中提到由于需求变化与技术成长,数据中台产品经理可以分为两类:数据产品经理和数据平台产品经理。在第 4 章至第 6 章,笔者为大家介绍了数据产品经理的能力要求与数据体系建设实例。接来下,在第 7 章至第 9 章,笔者会为大家对数据平台产品经理进行相关介绍。

数据平台产品经理与通用型产品经理相似,面向系统设计,主要围绕数据能力进行数据平台工具的设计,将数据分析的成果通过产品化的方式展示给用户,并进行智能决策型产品的拓展尝试,推动企业数智化进程。

那么数据平台产品经理的日常工作是什么样的呢?他们又需要具备什么样的能力呢?

7.1 "方舟打造者"——数据平台产品经理

在第 4 章，我们将数据产品经理比作"天条制定者"，他们会为宛若大海的浩瀚数据制定"洋流与风向"等规则，从而把握数据的脉搏动向。但是，出航远行还需要一艘"巨舰方舟"，这样才可以更快地到达各个目的地，而数据平台产品经理正是这艘"巨舰方舟"的打造者。

简单来说，数据平台产品经理通过产品化的方式，让企业内外部用户更便捷地使用与查看数据。在此过程中，很多产品会逐步商用，从而为企业创造出更多的商业价值。

盘算下来，数据平台产品经理负责的系统包括以下两类。

- **开发平台**：调度平台、实时处理平台、Hadoop 生态组件等。
- **应用平台**：BI 平台、用户标签与画像平台、精准营销平台等。

数据平台产品经理作为"方舟打造者"，不仅要掌握船舶设计（产品设计）的精髓，还要深谙大海（大数据生态）的秉性，对此大家是不是有些神往？

为了便于大家了解数据平台产品经理的工作场景，我们将以 A 公司的数据平台产品经理小张为例，通过对其日常工作的描述，还原数据平台产品经理的工作内容与日常趣闻。

小张是 A 公司数据中台团队的数据平台产品经理，目前主要负责 A 公司 BI 平台的规划与设计工作，同时也在跟进一些其他数据系统的建设工作。

1. 上午篇

9:00，小张到达公司，组织 BI 项目站会，项目组成员各自汇报昨日工作成果与当日工作计划，说明当前工作是否依赖他人的工作产出，并声明影响项目进度的风险点，如果在站会未达成共识，则会后由小张协调处理。

9:30，站会结束后，解决会上列举出的问题。例如，开发进度受到了 UI 设计进度的影响，小张就会去协调 UI 资源，明确 UI 效果图的提交时间。

10:00，梳理下期迭代的需求，排列需求优先级，并进行原型设计与需求文档撰写，与数据分析团队确认数据可视化功能模块的优化需求，明确交互细节。

11:00，向技术团队负责人讲解下期迭代的产品需求，协助其完成技术评估，并收集反馈意见。

12:00，午饭时间，与项目组成员一起前往食堂，海阔天空地畅聊，促进与项目组成员之间的感情。

2. 下午篇

13:00，数据产品经理佟小白找到小张，针对用户标签体系建设方向进行讨论，并对以用户标签数据体系为基础所能打造的产品服务进行论证。

同时，因为佟小白参与的流量波动分析的专题项目，在使用BI平台进行多维分析与数据可视化时，发现了一些尚未实现的个性化需求，于是佟小白将该部分需求转告小张，由小张将其梳理至BI项目需求池中。

14:00，小张向数据中台负责人汇报了当前项目进度（含下期迭代内容）与招聘进度（小张正在为数据中台团队招聘数据平台产品经理），领导查阅下期迭代内容后，给予了修改建议，并转达了一些业务需求。

15:00，小张为了尽快帮团队招聘到合适的数据平台产品经理，对岗位招聘的JD信息进行了修改，进一步细化了数据平台产品经理的岗位职责与职位要求，修改内容如下。

岗位职责：

a. 负责企业级数据系统底层/应用层/分析层的产品设计。

b. 根据业务研发/产品经理/数据分析师/运营等数据使用方的需求，设计新的数据产品，满足公司业务方的需求，提高公司数据使用的效率。

c. 推进BI平台的产品优化升级，提高公司各产品线的数据分析效率和数据可视化效率。

d. 服务对象除公司内部外，还包括为外部合作公司提供商业产品级服务。

职位要求：

a. 熟悉互联网或软件产品整体项目实现过程，掌握产品原型工具，如Axure。

> b．良好的需求整理、产品设计能力，有数据平台产品设计经验优先。
>
> c．做事积极主动，严谨认真，有优秀的组织协调、推进执行能力。
>
> d．对数据敏感，有较强数据分析逻辑，熟练掌握 SQL 等数据分析工具。
>
> e．熟悉数据仓库、商业智能基本理论，有数据分析系统使用经验。
>
> f．较强的逻辑思考能力和归纳总结能力，具备产品和业务规划能力。

16:00，组织与商务拓展（Business Development，BD）部门的沟通会，对自研 BI 系统的商业化落地进行讨论。

17:00，根据会议内容与当天所收集的需求，补充 BI 需求池，并对下期迭代内容进行调整，继续进行原型设计与需求文档撰写，预定明天的会议室，组织下期需求的评审会。

18:00，撰写工作日报，督促项目组成员在 JIRA（项目管理工具）中更新任务进度，并进行项目打卡。

9:00 和 18:00，是理想的上下班时间，愿互联网人都能少一些加班，多一些与家人的陪伴时间。所以下面就让我们"想象"一下，小张晚上加班的工作场景。

3．晚上篇

19:00，查看 BI 平台等产品的当日使用数据，对近期用户的使用趋势与留存情况进行分析，如果当前迭代有功能提测，还要进行功能跟测，协助测试同事及早发现 Bug。

20:00，阅读当日行业要闻，关注互联网与大数据领域的动态，并进行相关专业书籍的阅读，印证自己的工作方式，完善自己的产品知识体系。

……

这就是数据平台产品经理小张的一天，忙碌而充实。

通过小张从早到晚的工作内容，大家应该会对数据平台产品经理产生一些自己的认识。

在数据中台概念火热的促使下，数据平台产品经理获得了加速成长的机会。该岗位既可以涵盖原本的 BI 与用户画像平台等产品，又可以基于数据中台所积累的优质数据资产，进行智能决策平台等新型数据产品的尝试。相信伴随着企业数智化的发展进程，数据平台产品经理的舞台也将更加广阔。

7.2 数据平台产品经理的防守之盾

互联网发展至今，各企业对 C 端流量的争夺已经到了"白刃战"阶段。于是大家在巩固原有产品优势的同时，不断地向新领域进行互联网化探索，以及商业模式的创新尝试。不少互联网企业开辟了第二战场，纷纷"杀"入 B 端领域，尤其是在 2020 年我国提出加快新型基础设施建设后，大家进一步提高了在 To B 与 To G（政府）领域的投入。

在"新基建"数字经济的时代背景下，数据中台有了更高层次的定位，从满足企业内部使用到逐步商用，彰显了企业商业变现的野心，也赋予了数据平台产品经理新的使命。因此，企业对数据平台产品经理的能力要求也是越来越高。

数据平台产品经理完成本职工作所需要的能力成为防守之盾，在商业化背景下所需要的新能力成为进攻之矛。本节就让我们一起了解一下数据平台产品经理防守之盾的相关能力。

7.2.1 需求分析能力

数据平台产品经理面对的各类数据产品需求背后，隐藏着大量的业务规则，这些业务规则多如繁星，如果没有经过梳理思考就盲目上路，常常会迷失在业务细节中，让功能建设与商业建设走上歧途。

因此在产品设计之前，我们需要对业务需求与市场环境进行调研，通过对需求可行性与通用性的论证与分析，完成产品架构与实施方案的设计。在此过程中，需求分析能力（对需求的梳理与归纳能力）成为数据平台产品经理的能力瓶颈。

目前行业内并没有标准的需求分析理论，很多人也是在"摸着石头过河"。那么作为数据平台产品经理，我们是否有一条前行者趟出来的道路呢？通过与多位产品经理的沟通，笔者总结了一种相对普适的需求分析思路。

1. 项目背景调研

业务梳理与需求分析的工作，首先要了解项目背景，确定当前项目的建设动机和需要解决的痛点问题。

一般来说，项目背景调研内容，主要包括以下 5 个部分。

- **项目定位**：这是一个什么系统，如 BI 平台的定位是数据多维分析与数据可视化系统。
- **目标用户**：产品的目标群体是谁，也就是谁会使用这款产品。
- **建设目标**：明确这款产品所要解决的问题，以及想要达成的目标，这是建设当前项目的原因。
- **建设内容**：通过对业务目标与现有竞品的分析，确定当前项目的功能边界，便于后续的需求调研。
- **价值分析**：分析当前项目的企业内部价值与商业价值，避免与企业战略定位出现分歧。

项目背景调研对象以管理层（决策者）为主，消化吸收管理层的想法是一个循序渐进的过程，不能一蹴而就，这样可以避免决策改变带来需求返工。

2. 需求收集

进行项目背景调研后，便可以圈定大致的项目功能范围，然后进行需求收集工作。

闭门造车的空想肯定是不行的，那我们该如何进行需求收集呢？常见的产品需求获取来源有以下 3 种，如图 7-1 所示。

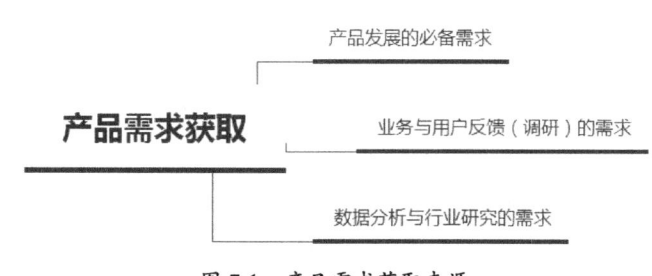

图 7-1　产品需求获取来源

1）产品发展的必备需求

根据项目定位与建设内容，可以初步确定一部分核心功能点。例如，在 BI 平台建设中，根据常见的 BI 系统流程可以确定粗粒度的功能点：数据接入、数据处理、可视化分析与报表分发等。

而在项目推进过程中，会明确阶段性建设目标。根据阶段性建设目标，我们可以进行竞品分析与需求调研，从中获取到的需求就是产品发展的必备需求。

2）业务与用户反馈（调研）的需求

对于由业务方发起的项目，在对接过程中，业务人员会针对他们想要的功能进行阐述。在项目上线后，平台运营与客服部门也会基于用户反馈与投诉的内容，提供产品改进意见，这是项目上线后的主要需求来源。

另外，在项目背景调研中，会明确目标用户群体。所以，我们可以通过用户调研、用户访谈与头脑风暴等多种方式来挖掘用户需求。在需求调研过程中，我们需要谨防"幸存者偏差"的出现，因此需要设置对照试验组，提高调研报告的置信度。

3）数据分析与行业研究的需求

产品上线后，可以收集到很多产品数据，如功能使用频次分布、停留时长与操作轨迹等。通过对上述数据的分析，我们可以提炼出很多功能优化点，如通过用户操作轨迹信息来简化功能操作步骤，减少用户的操作难度。

除此之外，我们还要保持对竞品与行业形式的关注度，及时发现竞品的产品优势与行业的发展趋势。最终做到"敌无我有，敌有我优"，而且保证每一步都踩在行业趋势的鼓点上。

基于上述需求来源，我们可以积累大量的产品需求。接来下需要做的是拆解与分析，将需求细化并拆分为多个可落地的方案。

3. 用户故事

目前很多团队都在使用敏捷开发模式，这种模式可以满足小步快跑、快速迭代的建设诉求，达到快速调整产品的方向和验证产品合理性的目的，也可以避免开发资源的浪费。

在敏捷开发模式中，用户故事是需求组织的一大利器，它既可以帮助我们完成需求梳理，又可以缩短判定需求优先级的决策时间。在实际应用中，我们可以把收集到的需求编撰成一个个的用户故事，存储在用户故事池中。

编撰用户故事的过程就是需求分析的过程，需要满足如下三要素。

- **角色**：谁要使用。
- **活动**：要完成什么活动。
- **价值**：为什么要这么做，可以带来什么的价值。

编撰用户故事的常用表达式是**我作为一个"某个用户角色"，想要"完成某活动"，以便"实现某些价值"**。

在三要素之外，还可以添加用户故事的实现规则与验收标准，然后将当前需要完成的用户故事组合在一起，从而形成当前迭代的用户故事地图。以 IM 消息功能为例（核心功能拆解），如图 7-2 所示。

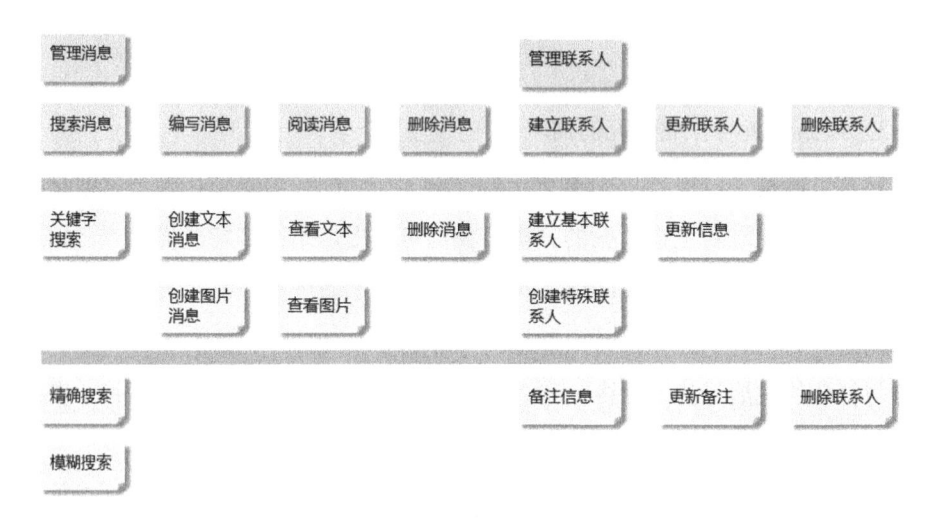

图 7-2 敏捷用户故事地图示例

一个好的用户故事，应该遵循 INVEST 原则，如下所述。

- **独立（Independent）**：要尽可能地让一个用户故事独立于其他的用户故事。
- **可协商（Negotiable）**：一个用户故事的内容是可以协商的，因为用户故事不是合同。

- 有价值（Valuable）：每个故事必须对客户具有价值，无论是用户、购买方，还是企业内部角色。
- 可评估（Estimable）：对开发人员而言，故事是能够估算大小的，否则很难把它们安排到开发计划中。
- 短小（Small）：一个好的故事在工作量上要尽量短小，要确保在一个迭代中能够完成。
- 可测试（Testable）：一个用户故事是可测试的，以便确认它是否可完成。

用户故事可以提高我们与开发人员、测试人员的沟通效率，因为用户故事可以追溯各功能点的产生原因。

目前常用的 JIRA 与禅道等项目管理软件，就是用户故事管理工具的代表，这是需要数据平台产品经理掌握的必备技能。

7.2.2 产品设计能力

产品设计能力是大多数产品经理的看家本领，也是数据平台产品经理的必备能力。

数据平台产品经理在围绕数据能力进行产品设计，需要自上而下、依次完成核心业务流程、产品定位、应用架构、功能模块、演进蓝图等工作。在上述工作的完成过程中，除了工具的使用技巧，数据平台产品经理还要注意设计思维的培养。这有些类似于《孙子兵法》中对术和道的描述："**道为术之灵，术为道之体**。"

关于设计工具的使用技巧，大家可以查询到很多的资料，但本节内容会侧重于设计思维的介绍。

1. 全局思维

全局思维是一种大局观，也是一种看待问题的方式。全局思维的核心是先抓住整体，然后对要害各个击破。这要求我们站在全局角度，思考问题背后的逻辑，养成顾全大局的习惯。

至于全局思维的培养，可以采用如下方法。

- **培养取舍能力**：主要矛盾大于次要矛盾，整体利益大于部分利益。其中，主次矛盾在某种程度上就是取舍的问题，所以我们可以及时复盘工作与生活中的取舍场景，不断培养自己取大放小的能力。
- **升级思维层次**：思维层次的提升看似玄而又玄，但是其提升方式很落地，如与前辈交流、坚持读书、下棋甚至玩游戏。比如玩游戏时，日常多看教学视频，自己玩的时候多看小地图，这就是在培养大局观。

古语有曰："不谋全局者，不足以谋一域，不谋万世者，不足以谋一时。"这句话放在产品经理身上，同样适用。作为数据平台产品经理，全局思维体现在很多方面，如在进行功能设计时，需要考虑到上下游系统的连通，以及本系统横向模块之间的影响。

2．极简思维

极简思维既是一种行动准则，又是一种设计思维。在工作与生活中，我们奉行的极简思维是以目标为导向，通过对过程的拆解与规划，找到达成目标的最短路径。

在产品设计中，极简思维可以减少用户操作的无用功，让操作更加流畅，也可以减少开发成本。但是极简并不意味着简单，而是要求我们能够分清楚主次，充分提炼，用最小的功能闭环满足用户的使用场景。

这样的设计思路可以实现系统的松耦合，将复杂庞大的系统拆解成一个个相对独立的服务单元。就像乐高一样，可以根据业务需求进行拼装，快速适应业务变化，这也是业务中台建设的常用思路。

极简思维的培养，与全局思维的培养类似，需要我们能够看透事物背后的逻辑，过滤干扰信息，抓住本质。

很多产品课程中经常用到一个事例：用户提出需要一匹千里马，那他需要的真的是千里马吗？有可能他只是想很快地去往另外一个城市，这个时候他需要的其实不是千里马，而是速度，那是不是可以给他一张高铁票？

极简思维，就是让我们去剖析本质，然后用最小的成本满足用户的需求。这里的前提是要满足用户的需求，而且不能低于竞品的产品体验。

3. 共情思维

在生活中，共情思维是避免冲突的有效方式。在产品设计上，共情思维可以帮助我们进行情绪转移，通过了解用户的自然属性、社会地位、成长环境、生活习惯等，推测出用户使用产品时的反应，从而优化当前的产品设计，让产品与用户产生共鸣。

产品经理的同理心，就是很多产品大神推崇的"小白思维"，也就是把自己切换到用户角度去思考问题的能力。

在共情思维的培养上，数据平台产品经理可以尝试做到如下几点。

- **学会聆听**：产品经理需要成为表达者，更需要成为一个聆听者。
- **提高对价值观的认知**：价值观可以影响一个人的喜好，也决定了一个人关注的利益点，所以提高了解他人价值观的能力，才能知道用户更在意什么。
- **持续与用户的互动**：想了解某个群体，持续不断地与目标群体进行沟通，是最简单且最有效的方式。

正如人本主义理论创始人罗杰斯所说，**共情是理解另一个人在这个世界上的经历，就好像你是那个人一般。但同时也要记得，你和他还是不同的，你只是理解了那个人，而不是成了他。**

上述 3 种思维能力，是数据平台产品经理，乃至所有产品设计岗位，都应该具备的思维能力。

因为，思维与思想是最有力量的武器。

7.2.3 需要掌握的大数据知识

作为数据平台产品经理，虽然不必像数据开发工程师一样，使用 Java 或者 Python 进行实际的编程开发，但是需要了解大数据领域的基础知识与理论，对大数据生态及常见的大数据平台架构有自己的认知。

在第 3 章介绍数据中台的建设时，我们提到数据中台的建设有"采""存""管""用" 4 个步骤，而数据平台产品经理的工作贯穿于上述各个环节，为开发、运营和分析师等团队提供各类工具，并打造了应用层的各类系统。

在"采""存""管"这三步中，大部分企业还是依赖于成熟的开源组件，然后基于这些组件进行优化改进与二次开发。目前，Hadoop 作为常用的分布式系统基础架构之一，被广泛地应用于大数据平台的开发中。下面就让我们了解一下 Hadoop 框架下的核心组成。

Hadoop 框架的核心设计是 HDFS 和 MapReduce，如图 7-3 所示。

```
┌─────────────────────┐                      ┌─────────────────────┐
│    MapReduce        │                      │       HDFS          │
│                     │        ╱────╲        │                     │
│ • Map：任务分解      │───────│两大  │──────│ • NameNode：文件管理  │
│                     │       │核心  │       │                     │
│ • Reduce：结果汇总   │       │设计  │       │ • DataNode：文件存储  │
│                     │        ╲────╱        │                     │
│                     │                      │ • Client：文件获取    │
└─────────────────────┘                      └─────────────────────┘
```

图 7-3 Hadoop 框架的核心设计

其中，HDFS 为海量数据提供存储服务；MapReduce 为海量数据提供计算服务。这两者就是我们常说的分布式存储与分布式计算。

1. 分布式存储

在传统网络存储系统中，数据存放在集中的存储服务器上。在大规模存储的场景下，服务器的输入/输出（Input/Output，IO）能力成了系统瓶颈，而且系统集中存储的方式也使系统的可靠性与安全性受到了挑战。

而分布式存储系统将数据分散存储在多台独立设备上，采用可扩展的系统结构，利用多台存储服务器分担存储负荷，利用位置服务器定位存储信息，不但提高了系统的可靠性、可用性和存取效率，还易于扩展。

HDFS 存储架构图，如图 7-4 所示。

HDFS 作为 Hadoop 生态下的分布式文件系统，拥有高度的容错性和扩展性，在 HDFS 中主要由 3 部分组成，如下所述。

- NameNode：分布式文件系统中的管理者，负责管理文件系统的命名空间、集群配置信息与存储块的复制，可以把 NameNode 看作 HDFS 的元数据服务模块。
- DataNode：文件存储的基本单元，完成文件存储的同时，周期性发送所有存在的文件块的报告给 NameNode。
- Client：获取分布式文件系统文件的应用程序，读写文件的发起方。

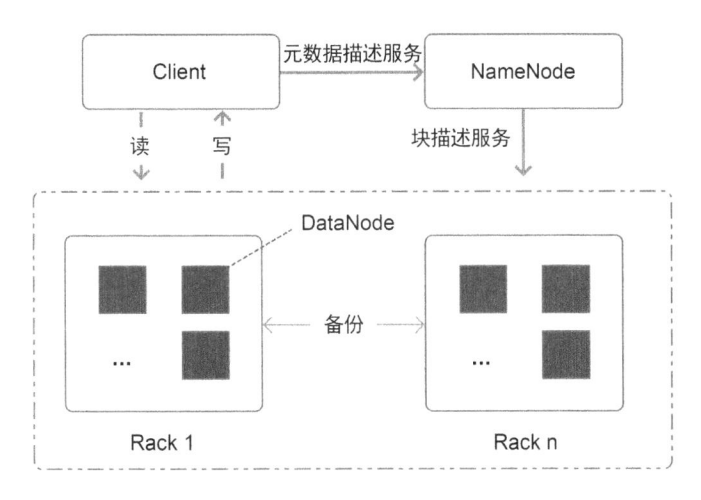

图 7-4　HDFS 存储架构图

基于 HDFS 产生了很多分布式数据库，如 HBase、MongoDB 和 Redis 等，大家可以根据实际场景来选用。

总之，分布式存储解决了大数据的存储问题，让我们有了更多的精力去解决数据处理与数据使用的问题。

2．分布式计算

解决了数据存储问题，接下来需要面对的问题就是如何处理这些数据。

传统的数据处理与数据计算方式，在面对大数据使用场景时，已经"力不从心"了。此时，分布式计算就成为一种新的解决方案。

分布式计算会把一个需要巨大计算能力才能解决的问题进行拆分，交由多个服务器同步处理，然后将计算结果综合在一起得出最终结果。

图 7-3 中的 MapReduce 框架，就是采用了这种分而治之思想，把任务分发到集群多个节点上，并行计算，然后再把计算结果合并，从而得到最终计算结果。在此过程中，MapReduce 框架可以解决任务调度、负载均衡与容错处理等问题。

当然，MapReduce 框架也不是万能的。MapReduce 会把计算函数分为两类：

Map 和 Reduce，适用于该框架的计算需要具备如下条件。

- 待处理的数据集可以拆分成多个小的数据集。
- 每个小数据集都可以完全并行处理。

在实际应用中，人们一般不会直接使用 MapReduce 程序，而是使用基于 MapReduce 封装出的 Hive 系统。Hive 系统可以通过 SQL 进行编译，极大地降低了用户的使用门槛。

除了 MapReduce 框架，Spark 框架也被大家广泛使用，尤其在实时计算的场景下，Spark 的性能表现会更好一些。

对于基于 Hadoop 框架的数据工具设计，有些企业是由技术架构师直接完成的，而有些企业是由数据平台产品经理参与完成的，所以数据平台产品经理至少要对上述内容有一定的了解与认识。

从数据中台架构来看，我们可以发现数据平台产品经理的工作主要集中在数据应用层，如图 7-5 所示。

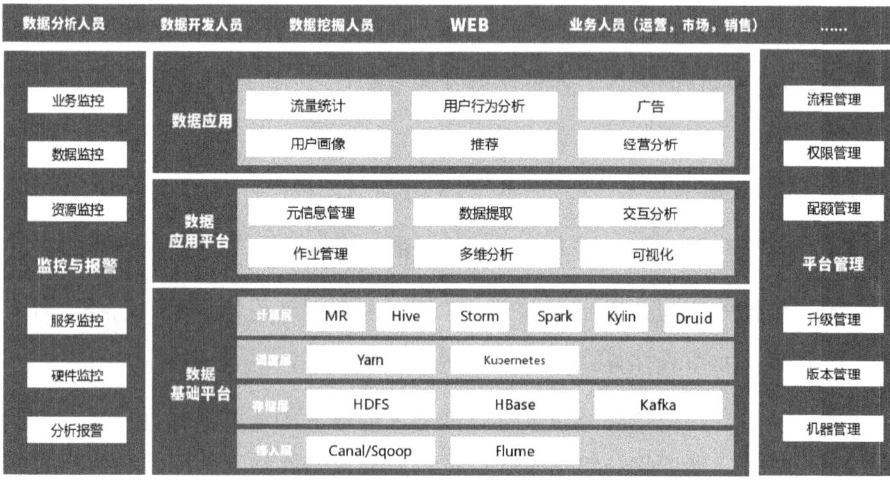

图 7-5　58 集团数据中台架构图

当然，不同企业在数据应用层的产品内容不同，因为企业会根据自身的业务特点与实际拥有的数据资产进行数据应用规划。

7.2.4 数据应用规划

根据数据应用的使用方向，可以将其分为如下 3 类。

1．数据分析与可视化应用

数据分析与可视化应用主要包括 BI 平台与可视化大屏产品，为用户提供简单易懂的可视化操作与灵活高效的多维分析能力，让企业精细化数据洞察，为商业决策保驾护航。

同时，一款优秀的 BI 平台不仅可以满足业务分析的需求，还可以实现全局数据监控，助力数据化运营。

例如，阿里天猫"11.11"的数据大屏，以及阿里云核心产品中的 Quick BI 与 DataV 等数据可视化产品。

2．行业营销类应用

行业营销类数据应用，需要完成精准营销、智能推荐等系统建设。这些系统的建设基础是用户标签体系与用户画像系统。

此类应用的相似之处在于它们都基于对数据中台海量数据的挖掘，甄别用户的消费动向与操作意图，帮助企业筛选出优质客户，并完成用户的偏好分析，从而为用户提供更加个性化的服务，完成用户转化。

例如，阿里云的 DataQuotient 画像分析与智能推荐，以及百度数智平台的智能推荐服务，都是数据能力与用户画像结合的行业应用产物。

3．智能决策类应用

智能决策类应用是存在极大想象空间的产品类型，主要是基于企业所积累的历史数据，结合一定的算法和模型，对业务与市场的未来趋势进行预测，为企业的运营决策与战略制定提供建议，从而推动企业数智化进程。

例如，我们在前文中提到的企业经营风险预测服务，就是智能决策类应用的实际案例。

7.3 数据平台产品经理的进攻之矛

在上一节我们提到，在商业化背景下数据平台产品经理需要一些可以成为进攻之矛的新能力。那么到底哪些能力是亟须数据平台产品经理掌握的呢？

下面让我们一起思考一下，在如今互联网行业岗位竞争日益激烈的背景下，哪些能力可以让数据平台产品经理在同行中脱颖而出。

7.3.1 商业变现的头脑

任何一家建设数据中台的企业，都不会满足于内部使用，他们每一家都有着商业变现的野心。而数据中台的商业变现，除了数据内容服务，更多还是要依赖于有形的数据产品。

从内部应用走向B端应用，最后甚至成为C端应用，数据中台体系下的数据产品具备这样的想象力。这要求数据平台产品经理具备商业变现的头脑，为企业找到当前数据产品的变现能力所在。

商业变现有很多种方式，如广告、增值服务与硬件销售等。目前C端应用市场的变现模式更是不拘一格，很多时候甚至"羊毛出在牛身上"。这些思路都可以成为数据产品变现的灵感源泉。

下面就为大家举一些例子，让大家感受一下商业变现的脑洞。

1. 意想不到的声音

一些共享单车，在开关锁时，除了提示用户出行安全与车锁状态，还可以播放时长最长可达一分钟的语音。

这个是一个可以深挖的变现场景，根据用户的历史骑行时间与路线进行地点标注，如住所、公司与饮食场所等，再结合用户当前的骑行区间，就可以进行本地服务定制语音广告的推送，如在开关锁时，推荐某家火锅店。

这样精准、直接又"拳拳到肉"的推送方式，是不是很有想象空间？

2. 意想不到的位置

产品经理是不愿意损害用户的使用体验的，所以在商业化设计时，会在用户操作高频的角落埋下彩蛋。

比如 App 下拉刷新会显示 loading 动画，这个加载动画就是广告植入的好去处，既不影响用户的当前使用，又达到了广告推广的效果。

这些高频且隐蔽的角落，都是可以挖掘的"金矿"。如果大家在使用 App 的时候，留意观察，就可以发现很多产品经理和运营人员的"小心思"。

3. 意想不到的方式

提到意想不到，就要说一下 2018 年的经典案例：微信小程序游戏"跳一跳"，如图 7-6 所示。

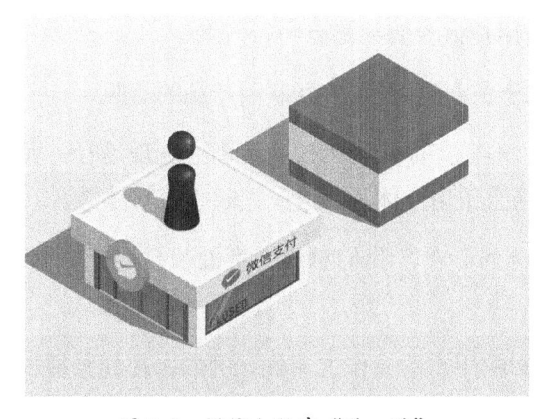

图 7-6 微信小程序"跳一跳"

网传"跳一跳"最火热的那段时间，一个小格子标价 500 万元。这样的商业变现不仅没有损耗游戏本身的可玩性，甚至因为有加分等 Buff，还增加了游戏乐趣。

这种闯关式游戏，十分适合商业化，尤其是"跳一跳"跳桩的设计，本身就存在商业化的便利性，也就是说产品设计本身就具备某种基因，这是"意想不到"却又"情理之中"的底层原因。

上述商业变现中的产品脑洞，可以给予我们一些启发，数据平台类产品除了直接兜售各项数据能力，是否也可以通过类似的方式完成变现？

比如 BI 平台，很多 C 端用户也有使用需求，自媒体人就是一个典型的使用群体，他们可以通过 BI 平台对自己的公众号等进行用户与流量的相关分析。

如果可以为自媒体人提供免费的简化版 BI 工具，并附加流量交易与广告分发的功能，让自媒体人在我们提供的 BI 平台上销售他们的流量、领取企业与商家的宣传任务。那么 BI 平台在完成数据分析的工作之外，还会成为自媒体人的流量交易平台。

7.3.2 商业变现的边界

商业变现是"一生二，二生三，三生万物"的思考过程，但是**商业化探索需要有一把尺、一杆秤，不能随意越过边界**。关于边界的定义，在纸面上没有答案，不过我们有两个可供大家参考的平衡点。

1. 商业变现与用户体验的平衡点

"生于拉新，死于留存"，是很多互联网产品的写照。

在上述过程中，有些产品是因为没找到商业变现途径；而有些产品是因为过分追求商业变现，损害了用户体验，因此被超越、被扑杀。

通过对多个案例的分析，我们总结了商业变现与用户体验的平衡点的 4 个支柱，如下所述。

- **友好**：不要影响用户的操作主流程。例如，在视频播放过程中添加广告，就是一个极度不友好的行为。
- **准确**：把用户想要的给他。把合适的广告，在合适的时间、合适的位置，推送给合适的人，就是准确。
- **克制**：克制比友好更进一步。在不影响用户操作主流程的基础上，知道用户想要什么，但是依然能保持克制，不肆无忌惮地向用户推送营销信息。
- **颜值**："颜值即正义"。克制地给用户想要的，让用户惊喜又欣喜，惊喜是看到了想看的，欣喜是看到的内容有颜值。

这样一系列的操作，可以提高商业变现与用户体验的平衡点，让我们得到更大的利益空间。

2. 商业变现与用户隐私的平衡点

有句老话是这样说的：当一个线上服务免费时，你就不再是顾客，而是产品本身。

很多企业对待用户就像对待自己的产品，用户在使用过程中产生的数据与行为都会被记录下来，甚至用户在产品外的某些数据也会被获取，这就带来了用户隐私的问题。

在大数据时代，通过数据分析可以获取到很多商机。但是大部分企业的数据安全机制并不完善，数据泄露偶有发生。

一方面是从未停歇的数据增长，随着数据库与算法的成熟，在不断创造商业价值，为用户提供了更贴心的服务；另一方面是数据泄露所带来的用户"裸奔"。

在进行商业变现设计时，我们需要秉持这样的原则：守住道德良知，不碰法律红线。

我们能想象的理想模式是，将用户在商业产品产生的信息，视为用户的个人资产，用户将拥有支配这些数据的权限，企业想要使用这些数据，需要获得用户授权。

但是这样的畅想可操作性有待商榷，数据隐私的行业标准，也需要一步步地探索。

7.3.3 服务 B 端的能力

数据中台体系下各个数据应用的诞生，是为了服务企业，这正是 B 端产品的核心价值，即服务企业、服务业务、提升企业效率、为企业创造价值。因此，数据平台产品经理进行产品设计之初，就是在服务 B 端客户，其所设计的产品自然也会携带 B 端的产品基因。

这要求数据平台产品经理，需要具备 B 端产品经理的基本素质，拥有服务 B 端客户的能力。在数据平台产品经理基础能力之外，我们盘点了服务 B 端需要的两项进阶能力，如下所述。

1. 业务认知

数据应用需要满足各类业务场景，解决业务实际问题，所以数据平台产品经理需要理解业务，了解企业的业务模式、业务逻辑与企业的运作机制。

很多企业的业务线众多，我们可以从一个细分业务切入，然后由点及面，循序渐进地了解企业各项业务。一般来说，我们可以使用以下方式来提高自己的业务认知。

- **内部调研**：通过与业务线同事的交流，了解当前的业务逻辑与业务流程。除此之外，还可以查阅各业务线的产品文档等资料，完善自己对企业业务的认知。
- **竞品参考**：通过竞品调研，了解当前产品所能满足的业务场景，在企业业务认知之外，补全自己对全行业的业务认知。

可能有人会问，设计用户画像系统去了解业务是顺水推舟，为什么设计了BI等系统，还需要去了解业务？这是因为数据分析与数据可视化的落点是驱动业务，了解企业当前的业务场景，才可以打造出更适合当前企业使用的BI系统。

比如，A公司为运营驱动型企业，我们需要满足运营部门各项数据分析的需求，但是考虑到运营人员的SQL能力较弱，因此各数据应用需要降低使用门槛，避免过多的SQL操作，更多地采用可视化操作功能。在第8章，笔者会为大家进行详细介绍BI平台的建设过程。

2. 行业积累

高阶产品经理大多数是其所处领域的专家，既要熟悉行业的业务模式、商业模式，还要拥有一定高度的行业视角，熟知行业内的知识与理论体系，具备优秀的商业思维。

数据平台产品经理的进阶之路，自然也少不了行业经验的积累与沉淀，一般情况下，可以通过以下几点来增加自己的经验。

- **阅读行业报告**：从宏观层面了解行业现状与未来趋势，可以用全行业的视角进行问题的思考与剖析。
- **关注竞品**：作为竞品调研的延续，我们需要保持对竞品的使用，做到对竞品的产品优劣势及发展动态都了如指掌。
- **关注新技术**：保持对当前领域新兴技术、交互与设计趋势的敏感度，做一个永不落伍的产品人。

- **业内交流**：与行业内专家建立联系，不管是线下沙龙还是线上沟通，努力成为优秀产品人中的一员，这既可以提高行业影响力，又可以获取他人的经验。

如果有人可以坚持做到如上几点，还勤于思考，那我相信他一定会成为行业内专家级的产品经理。

7.3.4 虚拟团队的管理能力

目前，数据中台团队的组成大多数以职责划分为主，如分为移动研发部、后端研发部、数据研发部、平台产品部及系统运维部等。

企业希望可以打造一支"招之即来，来之能战，战之必胜"的"铁军"，因此会根据项目需要，从各部门抽调人员组成很多临时性或长久性的项目组。

但是，在项目运转过程中，产品经理并不是项目组成员的管理者，甚至有不少项目组成员的职级要远高于产品经理，如何"领导"这样的虚拟团队是产品经理需要克服的一大难题。

经过调研，我们发现优秀的虚拟团队领导者或者意见领袖，一般具备如下特质，如图 7-7 所示。

图 7-7 虚拟团队领导者能力词云

总结下来，优秀的领导者与意见领袖需要具备三大类的特质，如下所述。

- **取舍能力强**：可以经过系统的思考，辨别主次矛盾，完成取舍，并取得项目组成员的认同。
- **社交能力强**：拥有良好而广泛的人际关系，既可以调动项目组成员的积极性，又可以化解项目组成员的分歧，让人如沐春风。
- **目标感强**：敢打硬仗，能打硬仗，在拥有良好职业能力的同时，可以带动团队氛围，完成项目目标。

在实际工作中，我们可以采用如下方式完成虚拟团队管理，并完成自身的领导力的培养。

1. 达成目标共识

首先，确保项目组成员对努力实现的项目目标达成共识，并一起完成项目风险点的讨论。在此过程中，产品经理不仅要把需求讲清楚，还要把需求背后的业务目标讲明白，让大家知道自己所做项目的价值与意义，而且这项工作需要持续性灌输，需要不断在项目会上输出。

其次，要明确成员的职责分工，减少成员相互推诿的情况，避免成员之间发生冲突。在项目启动之初提前达成共识，制定与明确项目的沟通机制、反馈机制与共享机制等，避免大家各自为政。

2. 维护项目机制

在第一条中，我们提到需要建立各项机制，在项目推进过程中，就需要有人来维护与督促大家按照机制办事，这样才能确保大家都在"游戏规则"内。

以信息共享机制为例，产品经理组织的每日站会需要项目组成员同步各自进度，并在 JIRA 等项目管理软件中进行任务状态的更新，这可以极大地避免上下游之间的矛盾与冲突。

另外，通过燃尽图等可视化图表的展示，产品经理也可以提前预知项目风险。需要注意的是，产品经理们在协助项目组成员更好地完成工作时，需要避免给其留下监督者的印象。

3. 增加互动交流

很多项目并不是封闭式开发，项目组成员会在各自的工位办公，成员之间面对面交流和非正式沟通的机会比较少,有些成员可能会产生被孤立的感觉,从而影响团队成员之间的相互信任。

所以产品经理需要为项目组成员创造更多的交流机会,除了正式沟通,还要组织经验分享会、户外运动和聚餐等活动。另外,工作之余,产品经理可以在工作群里分享一些热点新闻与生活趣事,让大家更好地融入团队。

产品经理需要拥有成为"润滑剂"的能力,在各个部门的工位之间穿梭,从而增加成员们的群体意识,建立团队的信任感。

除了上面提到的3点,产品经理还可以为项目组争取更多的激励,让成员不仅可以拥有精神上的慰藉,还可以获得物质上的奖励。

第 8 章

商业智能（BI）平台建设实践

数据中台的核心能力包括数据体系、平台能力与数据应用，所以数据中台涵盖了企业全域数据体系、统一的数据仓库、大数据基础平台、大数据应用平台与各类数据应用服务。通过上述系统与服务的建设，达到对数据"采""存""管""用"的目的。

在应用平台中，商业智能（BI）平台是毋庸置疑的核心成员，它可以为企业提供海量数据的多维分析与可视化制作，支持用户自定义业务数据集，通过拖曳操作完成 OLAP，进而完成业务探索与报表制作等工作。

而对数据平台产品经理来说，能够从 0 到 1 打造一款 BI 平台，是一个难得的机会。这一过程，既可以夯实数据平台产品经理的产品设计能力，又可以让数据平台产品经理全方位地熟悉从数据生产到数据可视化的全链路。

这正是本章为大家介绍 BI 平台建设实践的原因。

8.1 BI 平台的建设背景

伴随着企业信息化的发展，BI 平台逐步成为企业标配，而且 BI 相关产品的诞生也要早于数据中台。但数据中台概念的火热，加快了 BI 平台的发展节奏，使其获得了更高的企业地位。

在数据中台的加成下，BI 平台以大数据基础平台为根基，结合数据中台优质的数据体系，提供了便捷易用的数据可视化操作与灵活高效的多维分析能力。

俗话说，知其然，然后知其所以然。在了解如何建设 BI 平台之前，我们先来聊一下，BI 平台到底是什么？BI 平台的发展历程又是什么样的？

8.1.1 什么是 BI 平台

BI 的全称是 Business Intelligence，也就是商业智能，是指使用数据仓库技术、在线分析处理技术、数据挖掘和数据展现技术进行数据分析，实现商业价值。

简单来说，BI 是一款数据工具，一款可以进行数据分析并输出分析成果的工具；再拔高一层，BI 是一套数据分析的解决方案，可以为企业提供决策依据的解决方案。

为了便于大家理解，我们先来看一下数据监控大屏展示效果图，如图 8-1 所示。

数据大屏是 BI 平台数据可视化的主要产物之一。大家可以自行搜索数据大屏的动态效果，这样会有更加直观的感受。当我们看到实时更新的大屏数据，辅以炫丽的动态效果时，会产生一种稳坐中军帐的感觉。

追溯 BI 平台的基本能力，可以用一个稍显"狭隘"，却更"接地气"的名词来概括：**报表制作与分发系统**。通过 BI 的产品能力，把各种数据变成可视化报表，可以更加显性地表达数据内在的问题。

在过去很长一段时间里，不少企业配备了大量的使用传统报表系统或者 Excel 制作报表的"表哥"和"表姐"，这些传统报表与 Excel 报表缺少交互能力及数据实时更新的能力，而且操作成本过高。

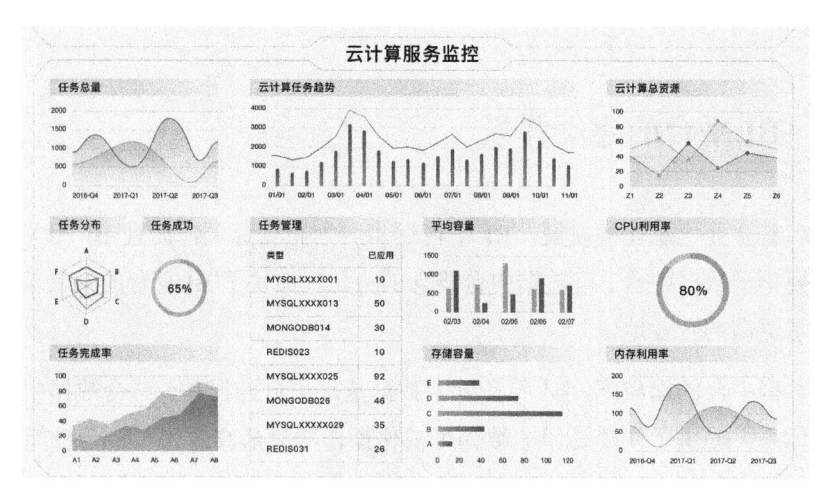

数据中台产品经理：从数据体系到数据平台实战

图 8-1　数据监控大屏展示效果图[①]

BI 的诞生，解决了上述问题。BI 在提供即时分析与数据查询的同时，降低了数据可视化（可以狭义地理解成报表开发）的操作门槛，通过拖曳操作就可以实现各种炫酷的数据展示效果，其中每个图形都可以视为一个组件，组件编辑通过页面操作即可完成，如图 8-2 所示。

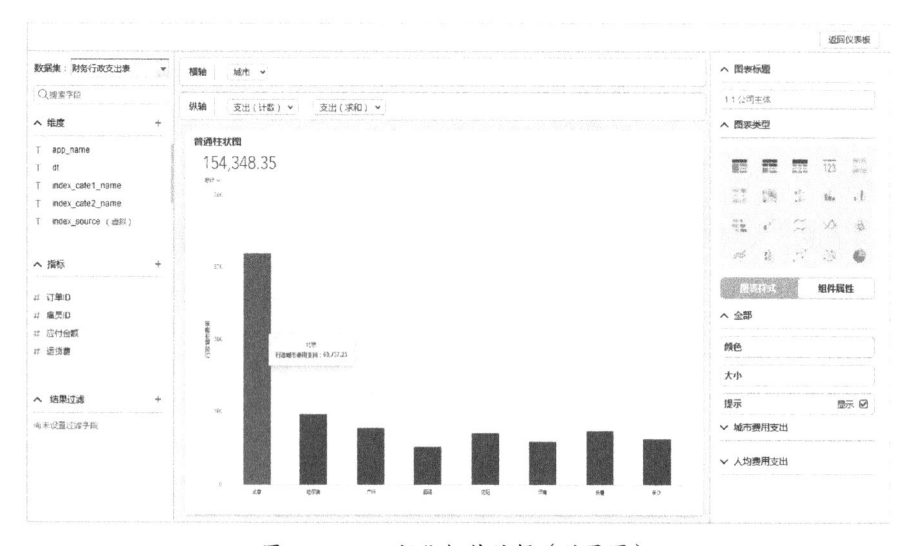

图 8-2　BI 可视化组件编辑（效果图）

---

① 此图来自腾讯云图。

目前，数据中台体系下的 BI 平台，获得了更加稳固的"江湖地位"，让企业从积累数据到分析与展示数据，为数据业务化提供了便利，创造了更多的实用价值。

8.1.2　BI 市场现状与企业 BI 平台建设

BI 除了满足企业内部应用，也是一个单独的商业领域。Gartner 在 *Market Share: Analytics and Business Intelligence, Worldwide, 2018* 报告中指出，商业智能软件市场规模在 2018 年增长了 11.7%，达到 216 亿美元。IDC 预测，到 2023 年，中国商业智能软件市场规模将达到 16.5 亿美元，整体市场年复合增长率（CAGR）约为 32.0%。

目前国内常用的商业化 BI 产品有很多，大致可以分为以下 3 类。

- 国内 BI 厂商，如帆软、海致 BDP 等。
- 国外 BI 厂商，如 Tableau、Power BI 等，目前其在国内有很多代理商。
- 互联网大厂内部孵化，如阿里 Quick BI、网易有数等。

面对成熟的商业 BI 产品，我们可能会产生一些疑问。例如，购买商业化 BI 产品，已经可以满足企业大部分的通用需求，为什么还要自建 BI 平台？

细想下来，大致的原因总结如下。

1. 满足更多的业务场景

商业软件即服务（Software as a Service，SaaS）产品的基础是通用性，所以难以满足相对个性的业务场景。向厂商提出定制开发，拓展更多的功能并不是一个很好的选择。原因有两个：一是成本过高；二是周期过长。

2. 安全性与领地意识

BI 涵盖数据处理等敏感操作，加工内容包括了企业经营相关的核心数据。虽说目前 BI 产品支持本地化部署，但是企业对核心数据的领地意识，仍会驱使企业进行自研系统的开发。

3. 系统横向贯通的诉求

在数据中台体系下，BI 平台并不是一个孤立或者绝对独立的系统，它需要与数据中台体系下的其他系统进行横向的对接与融合，如果直接采购商业化 BI 产品，显然难以满足这样的诉求。

在上述 3 点原因的驱动下，许多企业启动了自研 BI 平台的建设。其中一些企业根据自身的业务需求，选用了一些开源产品与开源组件进行功能调整与开发。不过，开源产品的业务逻辑与产品逻辑相对固定，改动成本较高。

总之，业务场景与业务模式的复杂程度越高，BI 平台的自主开发程度也就越高，这需要有一定的心理预期。

但是 BI 平台建设不管是一步到位，还是小步快跑，在项目启动后，都需要数据平台产品经理投注大量心血，进行 BI 平台的整体架构设计，确保 BI 平台的适用性与扩展性。

企业的野心也不会局限于满足内部使用，阿里 Quick BI 与网易有数都是从内部产品到商业产品的实例，国内如此大规模的商业智能软件市场，怎么能少得了新的入局者。

因此，数据平台产品经理还要考虑到产品的商业化扩展，在功能模块拆分与权限设计等内容上进行深度思考，便于后续产品的打包售卖。

8.2 BI 实战之产品架构设计

BI 平台建设是一场持久战，很多商业 BI 公司投入几百人的开发资源、历时十几年来迭代他们的 BI 产品，所以我们不能寄望投入几十个人就能在短时间内赶超别人十几年的努力。而且有些事情，也不是加注资源就能解决的。

在前文中，我们提到 BI 的诞生要远早于数据中台。聚焦当下，如果想要在数据中台的体系下建设自研 BI 平台，又该怎么做呢？

在数据中台体系下，我们建设了企业级的数据仓库，也在不断提升着大数据基础平台的能力（数据开发）。自研 BI 平台需要和数据中台的数据仓库打通，满足数据中台各种数据源的接入，充分复用大数据基础平台的数据开发能力，并结合公司组织架构实现用户操作权限与数据权限的灵活管控。

考虑到未来的商业化，我们还需要秉持着松耦合的设计思路，便于后续拆分模块进行商业售卖。

按照上述逻辑，我们将通过后续几节的内容，让大家了解到 BI 平台的设计流程与建设流程，让大家更直观地感受数据平台产品经理的工作内容。本节内容会从 BI 平台的架构设计说起。

当企业决定启动 BI 平台建设项目时，首位接棒者就是数据平台产品经理，其接棒后要做的工作和常规产品设计工作类似。首先要进行项目调研，对产品形态有大致的了解，进而梳理产品使用流程，完成功能框架的设计，由此确定产品的需求范围与功能边界。

8.2.1 产品使用流程

以用户为切入点，可以把 BI 平台的使用者分为两类：内容加工者和内容使用者。下面让我们明确一下这两类用户的使用诉求。

- **内容加工者**：使用 BI 平台进行数据处理、数据分析与可视化制作的人群，包括数据开发人员、业务分析师与产品运营等人员。
- **内容使用者**：查阅报表的人群，涵盖了企业内几乎所有的员工，查看方式（渠道）包括报表 BI 报表平台（PC 端）、移动 BI（移动端 App）、数据大屏、邮件，以及其他集成方式。

按照两类用户"为什么要使用""又该怎么使用"的思考方式展开探索，并通过用户访谈获取用户的真实诉求，最终可以得出 BI 平台用户使用流程，如图 8-3 所示。

确定用户使用流程后，就可以圈定 BI 平台的功能边界了。

在数据中台体系下，大数据基础平台提供了数据开发的能力，而数据中台本身也积累了丰富的、成体系的数据资产，所以 BI 平台只需要从数据接入做起，上游功能便可以复用数据中台体系下的其他系统的能力。

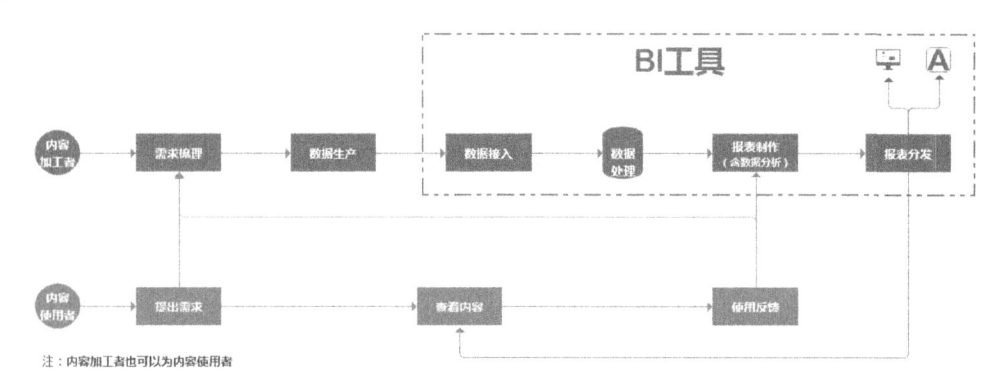

图 8-3　BI 平台用户使用流程

最终我们得出了 BI 平台的 4 项主要功能：**数据接入、数据处理、可视化分析与内容分发（包含各查看平台的建设）。**

我们还可以换一个思考角度，探究从数据内容到可视化内容，在产品呈现与产品载体上都发生了什么变化。

在图 8-3 中的 BI 平台用户使用流程中，数据接入环节通过接入上游数据源，让我们拥有了去指定数据库读取数据表，以及使用这些数据的能力。

但是在很多分析场景下，我们需要根据业务场景，对数据进行二次计算等操作。比如，在使用数据库中 A 公司某业务线的收入表时，数据底表中并不会储存人均消费（Average Revenue Per User，ARUP）等指标，需要利用 BI 平台进行二次计算，用消费群体消费总额除以群体总人数得出 ARUP 值。

所以 BI 平台的数据处理会生产出新的"数据集"，为可视化分析提供可以直接使用的"原料"。

可视化分析阶段，是把数据变成图表的过程，也是一个从单图表（组件）到报表（仪表板）的过程。

所以，从产品呈现与产品载体的角度去思考，BI 平台内容的形成经历了数据（维度/指标）、数据集、图形（组件）、报表（仪表板）与 Data 平台/移动端（驾驶舱）等，如图 8-4 所示。

基于图 8-3 与图 8-4，可以得出 BI 平台最大粒度的产品使用流程，基于该流程进行流程细化，可以产出更加详细的产品流程图，便于后续的产品架构设计。

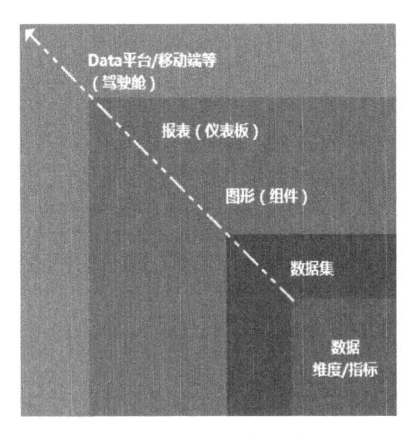

图 8-4　BI 平台内容生产流程

8.2.2　产品架构设计

因为产品架构的优劣直接影响着产品未来的拓展性和业务发展，所以产品架构设计需要基于产品使用流程，结合产品的商业模式与运营模式来完成。

常见的产品架构设计方式有两种，如下所述。

- **按照产品功能模块展开设计**：如果产品相对独立，或者对上下游的依赖关系清晰，可选用以产品功能模块为切入点，进行产品架构设计。
- **按照产品业务逻辑展开设计**：如果产品与企业多个系统存在依赖关系与数据流转关系，且系统角色复杂，则可以通过产品业务逻辑来进行产品架构设计。在进行产品架构设计前，需要在产品流程的基础上补充各业务模块的数据流转逻辑与交互逻辑。

在 BI 平台产品架构的设计过程中，考虑到 BI 平台相对独立，且对上下游依赖关系清晰，选用了按照产品功能模块展开设计的方式。

前文中提到过 BI 平台核心组成包括数据接入、数据处理、可视化分析与内容分发（包含各查看平台的建设）4 项主要功能。除此之外，BI 平台作为一个具备 SaaS 化能力的商业智能系统，还需要具备完善的用户权限管理与平台运营功能。

所以，可以将 BI 平台自下而上分为 5 部分：基础服务、数据接入、数据处理、可视化分析与内容呈现。通过对各模块功能的补充，BI 平台产品架构如图 8-5 所示。

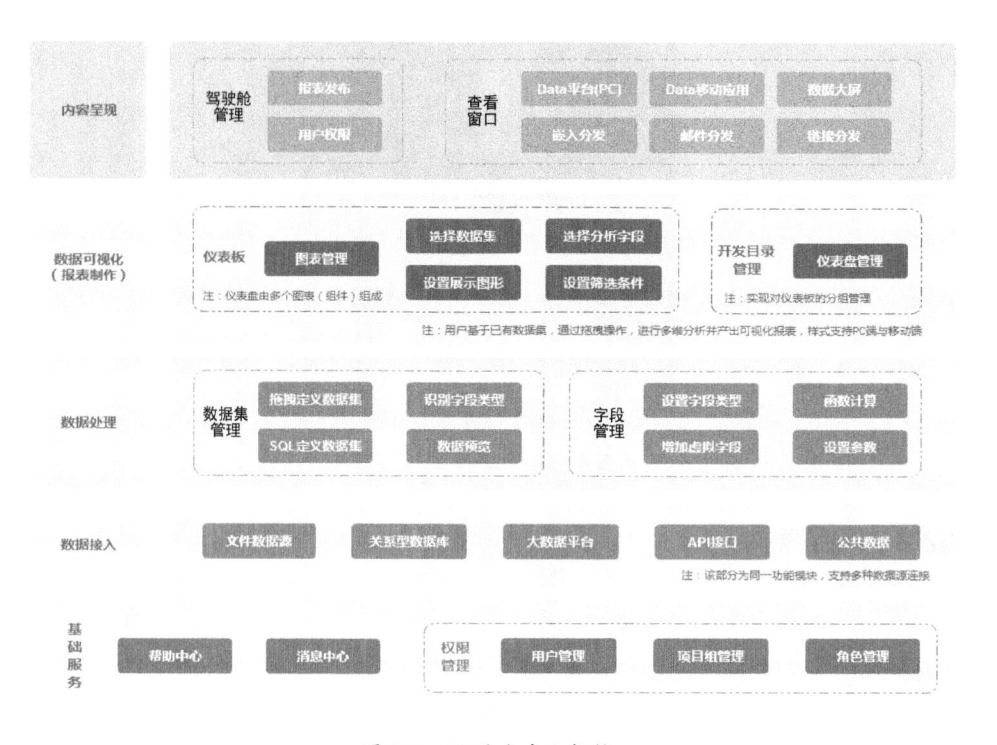

数据中台产品经理：从数据体系到数据平台实战

图 8-5　BI 平台产品架构

图 8-5 中的产品架构可以看作 BI 平台的骨架，在设计过程中，需要考虑如下几点。

- **功能优先级**：需求千千万，一定要找到核心需求，核心需求就是满足 BI 平台核心能力建设所需要的需求，这样才能契合如今敏捷开发的大趋势。
- **用户价值与体验**：用户关注的是 BI 平台给他们带来的价值，他们不关心开发成本，他们关心的是使用价值与使用体验，所以进行产品架构设计时，需要明晰各模块对用户的实际价值，这是功能优先级判断的主要依据。
- **产品扩展性**：产品架构设计之初，要充分考虑产品未来的增长空间与商业演进，避免产品架构与后续新增功能产生冲突。

关于填充产品架构的方式，其实第 7 章已经为大家介绍过了，大家可以在 7.2 节（数据平台产品经理的防守之盾）中查阅需求分析与产品设计的方法与技巧。

8.3 BI 实战之产品功能详解

需求实现的方式从来都不是"华山一条路",可供选择的实现逻辑有很多。本节会为大家介绍其中一种 BI 平台的实现方案,希望由此引发大家的思考,便于各位创造出更加实用、更加高效的 BI 产品。

下面就让我们来拆解一下产品架构图中提到的各项核心功能。

8.3.1 数据接入

如果自下而上讲解 BI 产品架构,首先要说的应该是基础服务,不过考虑到各系统的基础服务功能相似、具备通用性,所以本节内容将按照 BI 平台的使用主流程进行讲述,也就是从"数据接入"部分开始。

数据接入,顾名思义就是把外部数据接入 BI 平台。

在数据中台体系下,需要优先考虑接入数据中台的数据仓库,因为从广义上讲,数据中台常用的 Hadoop 大数据平台可以看作新一代的数据仓库系统。在 SaaS 化背景下,我们既要考虑 BI 平台的扩展性,又要考虑数据源的多样性。

简单总结,BI 平台需要适配的数据源类型,包括以下 5 类。

- **大数据平台**:数据中台的企业级数据仓库,常用 Hadoop 大数据平台,如 Hive 等。
- **关系型数据库**:通常指可以通过 JDBC(Java Database Connectivity)接口访问的实时数据库,如 MySQL、Kylin 等。
- **文本数据源**:以文本文件作为数据源,包括 Excel、CSV 等。
- **API 数据源**:对外提供标准 API,支持外部数据通过 API 上传至 BI 平台。
- **内置数据源**:BI 平台内置无须用户添加即可使用的数据源,如天气数据、人口数据、移动应用排名数据等,这是 BI 平台商业变现的常用途径之一。

目前相对常见的数据接入方式是通过 JDBC 接口的方式实现,不管是 MySQL

等关系型数据库，还是 Hive 平台都支持 JDBC 接口访问。对于无法使用 JDBC 接口访问的数据源，可以单独进行接口开发，在功能设计上进行兼容。

在进行具体功能设计时，产品经理需要秉持"增、删、改、查、空、异常"的"七字真言"，这是目前产品岗相对通用的设计准则。

展开来说，就是在进行功能设计时，产品经理需要考虑到新增、删除、编辑与查询 4 类操作，并考虑正常流程之外，功能面为空（无内容）与其他异常（如网络异常、用户操作权限变动等）情况的处理规则。

回归到"数据接入"的功能模块设计上，我们需要考虑如何把各类数据源接入进来，以及如何管理与监控各类数据源的当前状态。

如果仅满足于数据中台体系下的数据接入，则可以将 BI 平台与数据中台的数据仓库完全打通，由 BI 平台定时（或实时）获取数据中台的数据源信息。用户无须进行手动添加，即可在 BI 平台选择对应的数据源，进行读写权限的申请。

考虑到 BI 平台还需要接入其他数据源，所以在满足数据中台数据源接入的同时，还需要为用户提供手动添加数据源的功能，如图 8-6 所示。

图 8-6　新增数据源（效果图）

图 8-6 以 MySQL 数据库接入为例，依照 JDBC 接口连接的必备信息进行功能设计，并提供了测试连接功能，让用户可以自行校验当前所填信息的正确性，确保 BI 平台可以正常访问新增数据源。

另外，如果需要监控数据源的使用状态与连接状态，还可以为用户提供数据连接的高级配置功能，增加"初始化连接数""最大活动连接数""最大空闲连接数"等监控字段。

新增数据源后，数据源管理列表页如图 8-7 所示。

图 8-7　数据源管理列表页（效果图）

数据源管理列表页通常会为用户提供当前列表页的"新增""编辑""删除""查询"等操作入口。大家可以想一想，如果由你来设计该列表页，还可以怎么实现。

至于文本类数据源，需要为用户提供文本上传页，与大家常见的上传附件等功能相似，在此就不再展开描述了。

8.3.2　数据处理

BI 平台的数据处理通过对已接入数据源的数据表进行二次计算等操作，创建新的数据集，以便用户进行可视化分析。

数据集，顾名思义是数据的集合，其实就是一张新的数据表。为了提高用户可视化分析时取用数据的效率，BI 平台会建设一个中间层（分布式的数据库）储存各类数据集，避免每次数据调用都要重新进行底层运算。

数据集作为数据处理的产物，可以按照数据加工的方式分为以下 3 类。

- **数据表类**：通过直连或抽取的方式，接入已连接数据源的数据表，支持设置数据表字段等操作，如选择抽取字段、设置字段别名等。
- **SQL 类**：通过编写 SQL 完成数据加工，可以使用聚合、分组、排序等函数，支持用户对同一数据源下的多张数据表进行加工处理。
- **自助配置类**：通过可视化的拖曳操作完成数据加工，支持字段设置、虚拟字段、数据筛选、字段聚合、分组汇总、左右合并与上下合并等操作。

在上述 3 类数据集中，自助配置类数据集可以让没有 SQL 基础的用户，通过 BI 平台的产品功能完成数据加工操作。下面，让我们来分别了解一下这 3 类数据集产品功能的实现方式。

1. 数据表类

数据表类数据集是最简单的数据加工方式，从指定数据源中选择想要获取的数据表，进行保存操作即可，如图 8-8 所示。

图 8-8　新增数据集-数据表类（效果图）

在图 8-8 的基础上，我们还可以进行一些功能拓展，如针对需要接入的数据表进行字段设置，选择需要获取的字段。另外，还可以配置数据获取方式，选择直连或者抽取的方式。

直连的方式，就是每次获取数据都需要访问原有数据源。抽取的方式，则是将数据抽取到 BI 平台的数据中间层。因此，抽取数据需要为用户提供数据更新与任务调度的配置功能，让用户自行设置数据更新的规则与频率，这正是对数据基础平台中数据调度相关能力的复用。

2. SQL 类

SQL 类数据集，是通过编写 SQL 的方式来实现的，所以功能实现相对直接，基本功能就是为用户提供 SQL 编写的功能。

在进行相关功能设计时，需要注意 SQL 查询不支持跨库，因此需要用户选择指定的数据库后，再进行相关的操作，如图 8-9 所示。

图 8-9 添加 SQL 数据集（效果图）

除了数据集命名等基础功能，在图 8-9 中，还需要用户选择指定数据连接，完成对数据库的选择，然后进行 SQL 的编写操作。

在满足通用 SQL 编写场景的基础上，还可以支持参数的插入，用来满足更加灵活的数据加工与数据使用场景。比如，设置一个日期参数为当日（${today}），当 SQL 数据集获取数据时，就会自动获取当日数据。

与数据表类数据集类似，我们也可以为用户提供数据获取方式的配置功能，实现对数据直连与数据抽取的配置操作。

3. 自助配置类

自助配置类数据集，是通过用户可视化操作进行数据加工所生产出来的数据集。在功能实现上，自助配置类数据集降低了 BI 数据处理的操作门槛，需要秉持着"能让用户用鼠标完成的功能，就不让用户使用键盘"的原则。

换句话说，自助配置类数据集的加工过程，是通过拖曳与点击实现 SQL 的函数与多表关联等操作的过程，其所含功能如图 8-10 所示。

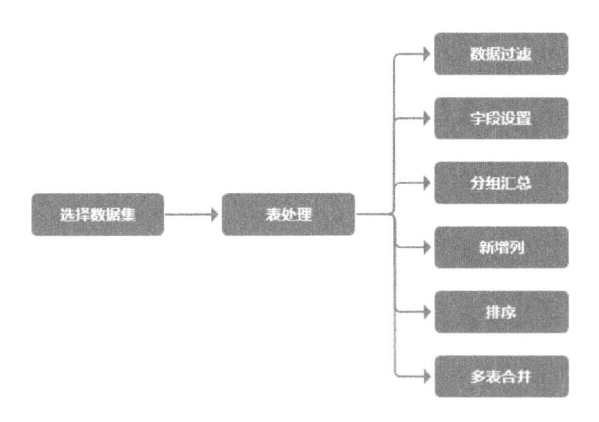

图 8-10　自助数据集功能列表

图 8-10 所陈列的功能里，字段设置与排序相对简单，所以我们着重为大家介绍数据过滤、分组汇总、新增列（虚拟字段）与多表合并这 4 类表处理，让大家了解一下自助数据集的实现流程。

1）数据过滤

目前，在商业化 BI 产品中，可视化的表处理操作有很多实现方式。通过横向比较，笔者认为链式操作方式的使用门槛相对较低，容易被用户接受。因此笔者选择以链式操作为例，为大家进行功能介绍。其中，自助数据集数据过滤设置如图 8-11 所示。

在图 8-11 中，页面最左侧是表处理设置区，也就是链式操作的展示区域。在该区域，可以选择当前的表处理操作，按照操作步骤即可呈现出操作链条。

数据过滤是最为常用的数据加工操作，可以获取目标数据，降低数据集的数据量，相当于 SQL 语句中的 WHERE 条件。

比如，基于 App 流量表来获取北京用户的相关数据，就可以限定城市为北京，其对应的 SQL 语句为 WHERE city='北京';，通过可视化操作的方式实现。

还可以在条件设置区域拼装查询条件，如存在多个条件，则可以设置条件生效方式是满足"全部条件",还是"任一条件",这对应着 SQL 语句中的 AND 与 OR 运算符。

图 8-11　自助数据集数据过滤设置(效果图)

考虑到有些用户更习惯使用 SQL 语句进行相关操作,所以我们还可以为用户提供表达式过滤的操作方式,支持用户通过编写 SQL 语句、引入各种函数,实现相对复杂的数据过滤操作。

2)分组汇总

分组汇总在数据加工操作中也比较常见,它对应着两类 SQL 函数:分组函数与汇总函数。在 4.2.3 节(解决问题的 SQL)中,我们对分组与汇总函数进行过介绍,如果想通过可视化操作的方式实现上述需求,则可以参照图 8-12。

分组字段对应 GROUP BY 操作,汇总字段对应 AVG(求均值)、COUNT(计算行数)与 SUM(求和)等函数操作。

比如,需要根据某学校的学生明细表,统计该学校中各班级的人数,其对应的 SQL 语句是 SELECT COUNT(*) FROM<表名>GROUP BY<班级字段>;,通过可视化操作的方式实现。另外,通过鼠标拖曳字段至分组字段与汇总字段处,然后设置对应的分组规则与计算规则即可。

图 8-12　自助数据集分组汇总（效果图）

从这里，我们可以看出 BI 平台数据处理相关的功能设计，是基于 SQL 语句的逻辑来实现的。

比如，汇总字段对应着 SQL 汇总函数，其使用规则是汇总函数（字段）。所以在 BI 平台进行相关功能设计时，可以抽象出两个功能元素：汇总函数和字段。由此推演实现方式，有如下两种方案。

- 先选择汇总函数，后选数据表字段。
- 先选择数据表字段，后选汇总函数。

考虑到数据处理的操作主体是"数据"，最终我们选用了优先选择字段的操作方式。大家在进行类似功能设计时，也可以借鉴这样的思考方式。

3）新增列（虚拟字段）

新增列在数据加工中属于相对复杂的处理操作，需要引入很多函数来实现多字段的二次计算。

进行该功能设计时，需要本着降低操作门槛的宗旨，在页面内为用户提供函数与字段选择区及数据计算输入区，并提供加减乘除与括号等速选操作，以便用户完成计算公式的拼装，如图 8-13 所示。

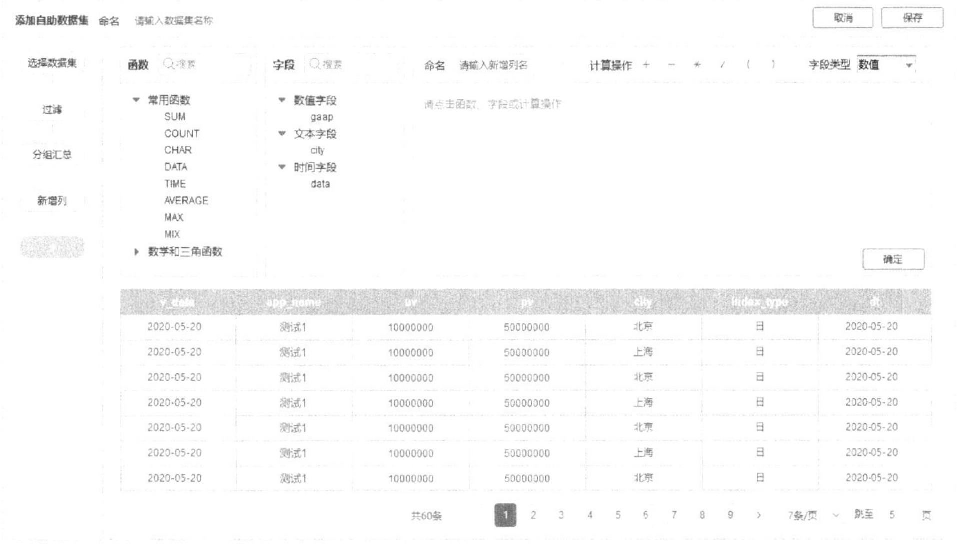

图 8-13 自助数据集新增列（效果图）

在数据计算输入区，为用户提供基础的虚拟列命名与字段类型的设置入口。同时，为了让用户更好地理解各函数的使用方式，可以在函数与字段选择区提供操作提示，当用户操作光标移动到函数与字段选择区时，浮窗会显示当前所指向函数的操作说明与简单示例展示，让用户明白各个函数的使用规则。

比如，在前文中提到的 ARUP 值的计算，是用消费群体消费总额除以群体总人数得出的，所以在图 8-13 中的数据计算输入区需要设置计算规则如下：SUM(消费金额)/COUNT(DISTINCT 用户 ID)，然后字段命名为"ARUP 值"，选择字段类型为"数值"。

4）多表合并

通过 SQL 语句进行多表合并，主要是左右合并（JOIN 操作）和上下合并（UNION 操作）两类。通过可视化功能实现上述操作，需要理解 JOIN 和 UNION 操作的实现逻辑，下面让我们以 JOIN 操作为例，为大家讲解该功能的实现方式，如图 8-14 所示。

图 8-14 自助数据集左右合并（效果图）

常见的 JOIN 操作有以下 4 类：INNER JOIN（交集合并）、LEFT JOIN（左合并）、RIGHT JOIN（右合并）、FULL JOIN（并集合并），但不管是哪种 JOIN 操作，想要将两张或者多张表进行关联都需要确定合并依赖的字段，也就是写 JOIN 语句中 ON 后面的条件内容。

因此，我们将共性操作抽象出来，形成了以下两个功能点。

- 选择需要与当前数据表合并的数据表，并选择合并类型（四选一）。
- 选择当前表与目标表中的合并依赖字段，该处可新增多个依赖字段。

大家可以再回顾一下图 8-14，这只是多表合并的一种实现方式，还是那句话：产品设计从来都不是"华山一条路"。所以笔者希望通过上述功能点的介绍，引发大家的思考，也希望大家可以感受到 SQL 对数据平台产品经理的重要性。

8.3.3 可视化分析

在介绍 BI 平台内容生产流程时，我们讲到从数据到数据集的生产过程，对应着前两节数据接入与数据处理的内容，而从数据集到图表，再到仪表板（Dashboard），就是本节将要介绍的内容。

在日常工作中，业务分析人员使用 BI 平台进行 OLAP 操作，并将数据分析的内容分发给其他人，就产生了报表或者数据大屏等展现效果。而报表、数据大屏、数字报告等数据可视化内容，归根到底只是仪表板不同的展现形式。

有些商业化 BI 产品，将图表（组件）抽离出来，作为一个独立模块。在创建仪表板时，需要用户优先创建图表，然后再将多个图表组装成仪表板。

这种优先进行单图表操作的设计思路，可以满足用户数据分析的使用场景，但是在可视化成果展示上，因为是由多个单图表拼装而来，所以缺乏可视化内容的整体设计感。因此，笔者认为优先创建仪表板，然后由用户自主添加图表的方式，更值得选择。

当然，不管是选择哪种实现方式，数据呈现的载体都是图表。综合来看，可视化分析的功能点主要包括数据分析、图表设置和仪表板设置。

下面就让我们分别了解一下。

1．数据分析

最基本的数据分析有钻取、切片、切块与旋转等操作，在进行数据分析的过程中，可以对已选数据集进行二次加工。

这里大家可能产生疑问，为什么数据处理环节已经进行了数据加工操作，在进行数据可视化分析时还要再进行一次呢？

我们可以将数据处理环节的操作理解为数据的预处理，但在进行数据分析与可视化设计时，还应根据实际需要进行一些临时的数据加工，如新增同环比等虚拟字段，或者执行一些数据筛选与数据排序操作等。

整体来看，可视化分析阶段的数据加工操作分为两类：维度设置与指标设置。

1）维度设置

维度设置是指与维度相关的数据加工操作，包括新增虚拟维度、添加钻取目录与维度过滤等操作。其中新增虚拟维度类似于数据处理的分组汇总操作，而钻取目录的管理是实现图表钻取分析的基础，用户按照下钻层级拖曳字段至钻取目录，如图 8-15 所示。

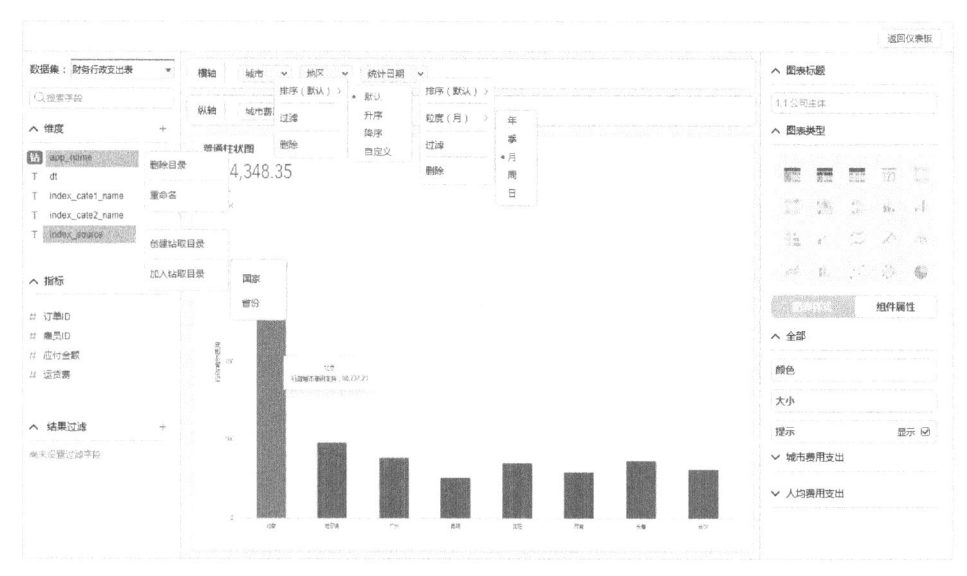

图 8-15　数据分析——维度设置（效果图）

图 8-15 的左侧为维度与指标选择区，中间区域为已选字段设置与图表展示区，右侧为图表样式设置区。

在左侧维度设置区域，可以选取维度进行钻取目录的创建与加入操作，依照字段加入钻取目录的顺序，进行钻取层级的展示。将钻取目录拖曳至横轴维度区域，图表将依照钻取目录字段顺序实现数据的多层级钻取。

在中间区域，以图 8-15 的柱状图为例，根据字段类型的不同，为用户提供不同的维度设置操作，排序与过滤属于通用功能，在此不再赘述。

针对日期类维度字段，图 8-15 中设置了"日周月季年"5 种统计粒度，用户可以直接进行选择，从而减少用户数据加工的操作成本，满足不同时间粒度的统计场景。

比如，使用 A 公司收入明细数据集进行可视化分析，该数据集依照按照"天"的时间粒度进行数据存储，如果我们想要查看周收入趋势，则可以拖曳"统计日期"字段至横轴，设置粒度为"周"。这样的设计，避免了用户加工数据集时存储不同时间粒度的数据，既降低了用户操作成本，又减少了数据集的存储空间。

2）指标设置

与指标相关的数据加工操作，包括新增虚拟指标、数据计算与数据过滤等多项操作。

而对于指标的设置操作，包括统计方式、快速计算、过滤与数值格式等设置操作，如图 8-16 所示。其中数值格式设置是指用户可以自定义当前指标是普通数值，还是科学计数或者百分数。

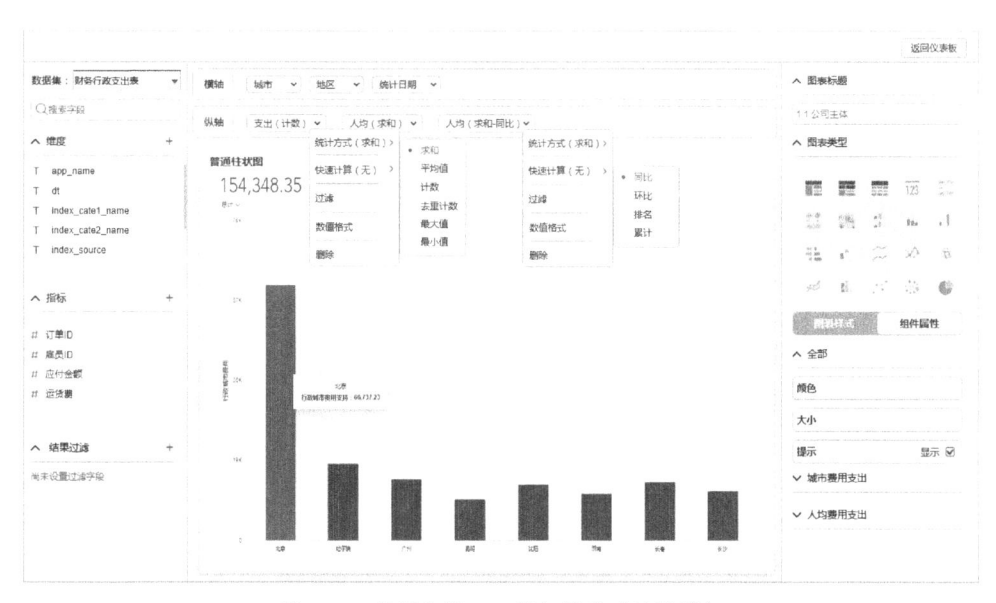

图 8-16 数据分析——指标设置（效果图）

通过上述两类操作，业务分析人员通过鼠标拖曳与点击，就可以完成大部分数据分析工作，然后选择合适的图表类型进行可视化内容展示，就完成了单图表的创建与编辑。

2. 图表设置

目前基本图表类型有卡片、表格、折线图、柱状图、饼图与漏斗图等，复杂图表类型有热力地图、树形图等，如图 8-17 所示。

根据用户拖曳的维度与指标数量，为用户提供可选图形。常用图表与维度指标的关系如表 8-1 所示。

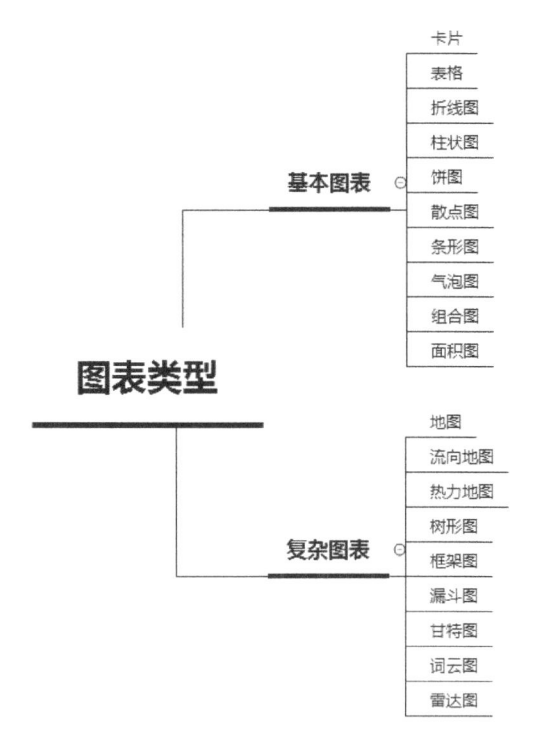

数据中台产品经理：从数据体系到数据平台实战

```
                          ┌── 卡片
                          ├── 表格
                          ├── 折线图
                          ├── 柱状图
              ┌─ 基本图表 ─┼── 饼图
              │           ├── 散点图
              │           ├── 条形图
              │           ├── 气泡图
              │           ├── 组合图
              │           └── 面积图
   图表类型 ──┤
              │           ┌── 地图
              │           ├── 流向地图
              │           ├── 热力地图
              │           ├── 树形图
              └─ 复杂图表 ─┼── 框架图
                          ├── 漏斗图
                          ├── 甘特图
                          ├── 词云图
                          └── 雷达图
```

图 8-17 图表类型

表 8-1 常用图表与维度指标的关系

图 表 类 型	维 度 数 量	指 标 数 量
卡片	0 个	1 个
表格	不限	不限
饼图	1 个	1 个
柱状图	至少 1 个	至少 1 个
折线图	至少 1 个	至少 1 个
散点图	至少 1 个	至少 1 个
雷达图	至少 1 个	至少 1 个

考虑到展示效果与渲染性能限制，应对维度数量进行限制，一般最多展示 2 个维度。除此之外，BI 平台还会为用户提供图表样式设置的相关功能，主要包括颜色、线型、网格线等内容，在此我们就不一一展开介绍了。

需要大家了解的是，不同的图表类型对应的设置的内容不同，如设置图形颜色，折线图是对折线（指标）进行设置，而饼图则是对占比内容（维度）进行设置。如果大家感兴趣，可以找一些商用 BI 产品进行实际体验。

3. 仪表板设置

前文提到一个仪表板可以包含多张图表，所以在仪表板管理页面，我们可以对仪表板样式、过滤条件，以及图表联动等进行设置。下面就让我们来分别了解一下。

1）仪表板样式设置

仪表板样式设置，可以根据不用的应用场景进行布局优化。比如，大数据大屏与移动端报表的展示尺寸有明显的不同，所以我们需要为用户提供不同展示尺寸的布局设置功能，确保最终的可视化效果。

为了减少用户布局设计的工作量，BI 平台可以内置多套不同风格的预设样式。用户在预设样式的基础上，对背景、标题、图表配色与风格进行个性化设置，从而产出更契合用户使用习惯的数据可视化内容。

2）过滤条件设置

过滤条件设置，指的是条件过滤组件，通过该组件可以实现数据过滤与交叉分析。

常用过滤组件类型主要包括文本类、数值类、日期类与树形结构类，如下所述。

- 文本类过滤组件，用于文本字段的过滤。
- 数值区间过滤组件，用于数值字段的过滤。
- 日期过滤组件，用于日期类型字段的过滤。
- 树形结构组件，适用于存在级联关系的文本字段。

上述 4 类过滤组件，需要基于仪表板所用数据集实现数据过滤。在前文中，我们提到 SQL 数据集可以设置参数，那么在设置过滤条件时，就可以引入 SQL 数据集中已设置的参数。

比如，我们在 SQL 数据集中设置了一个自定义参数"City"（城市），仪表板使用该数据集，设置过滤条件时选择"文本过滤"，设置选项为"北京"和"天津"。

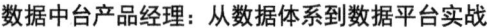

用户使用报表对该字段进行筛选操作时，可以将已选城市传递至 SQL 参数中，为参数赋值，从而完成数据过滤。

3）图表联动设置

图表联动设置包括两项操作：图表联动与图表跳转。

仪表板可以由多张图表组成，用户点击某个图表的指定区域或字段时，仪表板内其他图表可以跟随当前操作进行联动展示，这就是图表联动。进行图表联动设置时，需要确定联动图表和联动关联字段，如图 8-18 所示。

图 8-18 图表联动设置（效果图）

在图 8-18 的示例中，当前仪表板有 3 张图表：指标表格、占比饼图和趋势折线图。当我们为指标表格设置联动图表时，可以选择手动设置关联组件（占比饼图和趋势折线图）与联动关联字段，也可以选择自动关联。其中，自动关联是指根据图表所用的数据集完成关联操作，也就是当各个图表存在共用数据集时进行联动。

图表跳转相对简单一些，是指对图表指定区域或字段进行点击操作时，跳转到至其他仪表板（报表）或外部链接，实现多个仪表板之间的关联。

8.3.4 内容分发

BI 平台常用的内容分发渠道包括 BI 报表查看平台（PC）、移动 BI（App）、数据大屏、邮件分发、URL 分发与嵌入分发等。其中，BI 报表查看平台和移动 BI 与 BI 平台的融合性强，权限控制方案也更具代表性，所以本节会着重介绍该部分的内容分发逻辑。

内容分发，顾名思义就是把内容分发给用户。以报表分发为例，把可视化报表分发给用户的场景看似简单，但仔细琢磨之后，会发现很多需要解决的问题。

首先，报表的数据权限如何控制？同一张报表对不同查看者来说，会有不同的数据查看范围限制。比如，对于 A 公司的收入日报，总裁办成员可以查看全集团的收入数据，而华北区负责人则只能看到华北区的收入数据。

其次，如何实现报表权限的自动增删？在员工入离职、调换岗位，或者企业组织架构变动频繁时，如果由运营人员手动配置与调整报表权限，则会产生很大的工作量。

最后，是分发场景的拆分问题。BI 平台至少需要实现以下两种分发方式：将指定报表分发给多个用户、为指定用户配置多张报表。

除了上述 3 个比较有代表性的问题，还有报表切换数据源后的数据权限继承问题、报表下线又重新启动的权限配置问题等。

当我们去推敲上述问题的解决方案时，会涌现出很多点子。按照 7.2.2 节（产品设计能力）提到的全局思维、极简思维与共情思维的相关描述，我们首先要做的是回归需求的本质。

报表分发的本质，是为报表与用户建立关联关系。上面陈列的各类问题，就是报表与用户建立关联关系时的"拦路虎"。

接下来，让我们一起来探寻内容分发模块的解决方案。通过思考，笔者梳理了报表的分发逻辑。报表分发关系图如图 8-19 所示。

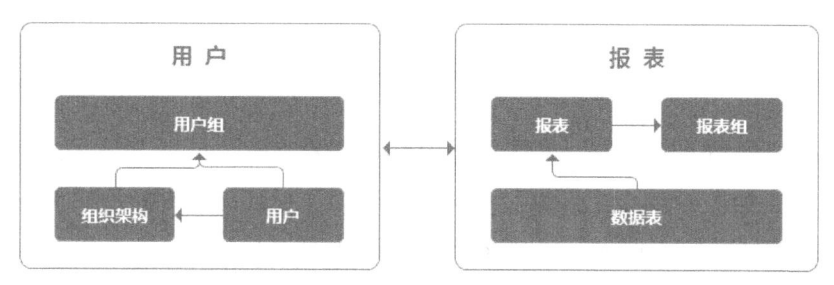

图 8-19　报表分发关系图

为了解决本节初提出的各类问题，图 8-19 对用户与报表进行了拆分，如下所述。

- 用户。
  - **用户**：用户主体下最小的单元，就是一个个查看报表的用户。
  - **组织架构**：公司的部门结构，BI 平台大多数面向 B 端企业，所以可以复用企业组织架构，实现用户分组。
  - **用户组**：为便于权限管理，可以将具有相同属性或者类似权限的用户划分为一组，也可以将用户组与组织架构进行关联。
- 报表。
  - **报表**：报表主体下最小的单元。
  - **报表组**：按照报表的类型进行归类分组，如将收入类报表归类在收入主题文件夹下。
  - **数据表**：报表所用的数据表。考虑到多张报表会使用相同的数据表，可以通过管理用户数据表权限，实现报表数据权限的管理。

明确上述定义后，就可以进行功能组装了。比如用户组管理模块，通过用户组的增、删、改、查，建立与用户、组织架构的关联。

聚焦本节初提到的 3 个问题，进行内容分发，需要优先确定分发流程，也就是明确分发场景，如下所述。

- **报表为主体**：选择报表，设置数据权限，选择用户，从而完成报表分发。
- **用户为主体**：选择用户，选择报表，设置数据权限，从而完成报表分发。

为了便于解释报表自动增删的问题，我们将以以报表为分发主体的方式为例，对报表功能设计进行拆解，如图 8-20 所示。

第 8 章 商业智能（BI）平台建设实践

图 8-20 报表分发功能页（效果图）

在图 8-20 中，报表分发共有 4 个功能区域：报表选择区、数据权限设置区、用户选择区和已选用户显示区。下面让我们分别来看，上述功能是如何解决本节初提出的各项问题的。

1. 报表选择区

1）当前功能

该功能区域由报表树形选择器、报表搜索框与添加按钮组成。操作人勾选本次需要分发的报表，即可完成添加操作。

执行添加操作后，数据权限设置区同步更新显示已添加报表，并获取相应的权限字段。

2）关联功能

报表分组是报表树形选择器的基础，所以报表管理模块需要具备报表分组的能力。图 8-20 展示的是二级树形结构，在进行报表分组功能设计时，可以为用户提供多级设置的功能，这样可以让用户更灵活地完成报表分组操作。

2. 数据权限设置区

1）当前功能

该功能区域由已选报表、权限逻辑与权限详情组成。

- **已选报表**：操作人可以删除已选报表，执行删除操作后，同步更新当前功能区域的权限详情，以及报表选择区对应报表的选中状态。
- **权限逻辑**：可以选择满足下列"全部条件"与"任一条件"，也就是 AND 与 OR 的区别。
- **权限详情**：可选数据权限字段与已选报表相关，操作人选择字段后，可设置权限详情。比如选择"大区"字段，设置当前数据权限为"大区"等于"华北大区"，则本次分发报表的数据范围限制为华北大区的相关数据。

2）关联功能

报表的数据权限，其实是在设置报表所用数据表的数据权限，因此需要提前设置数据表中哪些字段是权限字段。我们也可以直接将数据表维度等同于权限字段，但是这样的方式会产生很多冗余信息，也不利于用户选择。

因此我们可以在 BI 平台增加一个数据表权限字段管理功能，甚至可以将权限字段向上抽象一层，统一管理报表目录下所有数据表的权限字段。

比如，收入日报所用数据表中城市字段是"City"，流量日报所用数据表中城市字段是"Location"，如果需要同时分发"收入日报"与"流量日报"，在没有实现权限字段统一管理之前，可选的城市字段会有两个，这不仅会增加操作工作量，还容易产生误操作。

如果实现了权限字段的统一管理，就可以为用户展示一个"城市"选项，然后通过后台处理，映射不同数据表中的城市字段，这也就意味着用户所选字段可以对应多张数据表中的不同字段。

需要额外说明一下，图 8-20 所示的数据权限方案并未兼容多权限组的场景，如果对"大区"和"业务线"这两个权限字段进行组合，按照图 8-20 的配置方案，最终组合出的权限有 4 种，如表 8-2 所示。

表 8-2 权限组合示例

维　　度	家　电　部	手　机　部
华北大区	华北大区家电部	华北大区手机部
华南大区	华南大区家电部	华南大区手机部

如果仅为用户配置"华北大区家电部"与"华南大区手机部"的数据权限，就需要在此处引入权限组的概念了。通过分组添加数据权限，更灵活地实现权限 AND 与 OR 的关系，大家可以思考一下具体的功能实现逻辑。

3．用户选择区

1）当前功能

该功能区域由用户搜索框、添加按钮，以及用户组与组织架构两个树形选择器组成。操作人可以选择指定用户，也可以选择用户组或部门，完成用户添加操作。

执行添加操作后，已选用户显示区同步更新显示已添加用户等信息。

2）关联功能

前文中提到企业用户除了归属于企业组织架构下的某个部门，还可以根据用户属性与权限等条件进行用户分组。因此 BI 平台需要用户组管理与组织架构管理两个功能模块支撑上述功能的实现。

而且与报表产生关联的不一定是用户个体，也可以是用户组和组织架构，这样就解决了员工入离职或者调换岗位的场景下，报表权限自动增删的问题。

如果用户当前查看的报表是分发给他所在部门的，则该用户更换部门后，可以查看的报表范围就会随之变化。用户组也存在类似的逻辑，而且用户组可以与多个部门进行关联，使用起来会更加灵活。

4．已选用户显示区

该功能区域显示已选用户、用户组与部门（组织架构），操作人可以删除已选用户等，执行删除操作后，同步更新查看用户选择区的对应选项的选中状态。

通过以上 4 步操作，就实现了报表的批量分发。优先选择用户的分发方式，与上述流程类似，在用户列表页中查找目标用户，然后执行报表选择区与数据权限配置区的操作即可。

至此，就完成了 BI 平台功能详解介绍。当然，这只是 BI 平台最小闭环的功能展示，在以上 4 个功能模块的基础上，还可以添加数据预警、智能分析，以及各类平台服务功能。

此外，大家可以思考一下本节介绍的 4 项功能的其他实现方式，毕竟产品设计只要抓住需求本质，功能展示形式与交互方式便会拥有极大的设计空间。

8.4 掌观山河的移动 BI

移动 BI 诞生之初，是作为 BI 平台的移动端驾驶舱的，主要功能是将报表分发到移动端，为用户进行移动端的数据可视化展示，最初的服务对象也是以企业决策层为主。如今，随着移动办公场景的增多，移动 BI 的功能与内容建设都进入了大步向前走的阶段。

从功能侧来看，移动 BI 在数据可视化内容展示的基础上，还可以为用户提供如下功能。

- 数据分析服务，支持用户在移动端进行数据分析操作，完成业务场景的数据探索。
- 数据异常预警服务，支持用户自行配置预警条件，实现数据波动的及时提醒。
- 增值性数据服务，如舆情分析模块，用户添加关键词，即可实现对舆情变化的实时监控。

从内容侧来看，在可视化报表的基础上，还可以增加行业动态、行业报告与行业分析等内容模块，结合数据报表为用户呈现更多决策参考信息，也为 To B 业务提供新的内容变现渠道。目前 C 端也有类似的产品，如阿里影业的"灯塔专业版"。

伴随着功能与内容的建设，移动 BI 面向的用户群体，从最初的企业决策层逐步向下覆盖，直至覆盖企业全员。综合来看，移动 BI 增强了 BI 产品的服务能力，消除了时间与空间的限制，让用户可以随时随地获取业务数据与决策参考信息，为企业各级员工提供了移动端的辅助决策工具。

正本溯源，移动 BI 的基础服务能力，仍然是数据可视化展示与数据分析。所以本节将着重对上述两项功能进行拆解与分析。

8.4.1 内容分发窗口

随着 BI 平台可视化内容的积累，移动 BI 的可用报表会越来越丰富。管理层可以查看企业的关键经营数据；产品与运营人员可以查看产品流量、日活等数据；销售人员可以查看商机、销售业绩等数据；人力资源可以查看员工的入离职、人员效率等数据……

内容丰富所带来的问题就是，如何组织内容才能让用户快速地查找到目标数据？考虑到移动端用户的使用习惯，我们需要尽量缩短用户获取目标信息的时间。通过梳理，笔者归总了 3 种移动端的内容组织形式：列表、网格与轮播。移动 BI 报表目录页如图 8-21 所示。

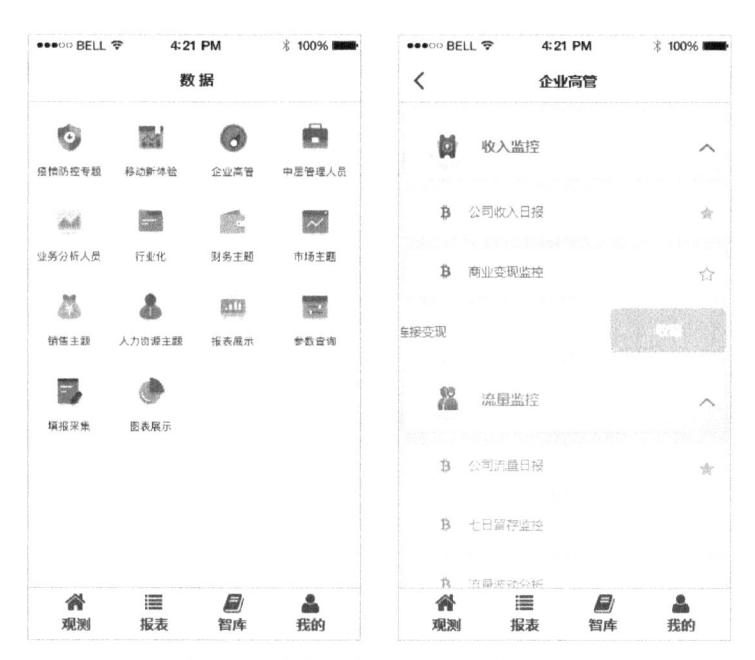

图 8-21　移动 BI 报表目录页（效果图）

图 8-21 展示的是网格与列表的组合。一级页面采用网格的方式，按照用户角色与场景进行报表大类的划分；二级页面采用列表的方式，通过树形列表对报表大类下的报表进行再次分组。

下面就让我们详细探讨一下 3 种移动端内容组织方式的实现特点。

1. 列表

列表的展示形式，在移动端十分常见。结合 App 底部导航栏与顶部 Tab 标签，可以组装出多种类别的列表。例如，微信一级页面的"微信（聊天列表）""通讯录""发现""我"，就是通过底部导航栏进行页面切换的 4 个列表页。

列表的展示样式也有很多，如文本、图片或者视频缩略图等。移动 BI 的报表列表通常显示报表名称的文本信息，在必要时，还可以为用户展示报表的简介信息，如新闻客户端的新闻列表或者手机的短信列表。

列表所能支持的交互操作也相对较多，左滑、右滑、长按与点击都可以对应不同的操作内容，从而实现报表收藏状态切换与排序调整等操作。

2. 网格

网格主要是通过图标的行列展示进行内容的呈现。除了相对规律的行列展示，还有一些网格采用大小网格拼接的展示方式，如淘宝首页的内容推荐区与快手双列 Feed 流（也称双列信息流）的内容展示，如图 8-22 所示。

图 8-22 网格内容组织（示例）

通过图 8-22，我们可以看到网格的展示样式其实并不局限于图标，还可以使用图片或者视频缩略图。

不过网格的交互操作相对单一，一般会通过点击或长按，完成对应的交互操作，如进入详情页或显示弹窗提示等。

3. 轮播

轮播是指在固定区域内，通过自动循环与手势滑动进行内容切换的展示形式。大多数 App 的首页都会提供轮播内容区，这也是内容推荐与商业变现的常用窗口。

有些移动产品会在轮播区插入列表，通过水平滑动可以查看更多推荐内容，为用户提供一个系统推荐与主动探索的结合区域。轮播内容组织如图 8-23 所示。

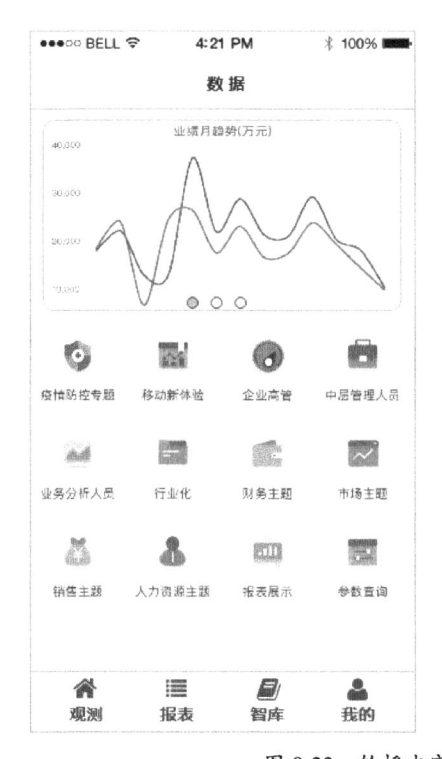

图 8-23 轮播内容组织（效果图）

通过上述 3 种内容组织方式的组装，可以产生很多新的展示效果。这 3 种内容组织方式，有些类似于图彩效果中的三原色。比如，列表与轮播的组合，可以自上而下进行多个轮播区的展示，这就是"泳道"效果，App Store 多个页面都采用了这种方式。

在内容分发与组织之外，有一个需要提前考虑的问题，即报表展示页的技术选型问题。目前常见的报表详情页有些是通过 H5 实现的，有些是原生（Native）的。比如，帆软 FineReport 支持报表嵌入其他应用，这就是通过 H5 实现的；而有些 App 则是通过 H5 和 Native 混合开发的方式实现的。作为产品经理，我们应该对两种实现方式有充分的认知。

首先，我们来了解一下 H5 与 Native 的实现逻辑，如下所述。

- H5 的实现方式，需要调用系统浏览器内核，如果在移动 BI 中展示 H5 报表，那么移动 BI 就相当于一个浏览器窗口，而报表详情页就是一个被打开的网页。
- Native 的实现方式，直接调用原生系统内核，需要使用手机系统支持的框架语言进行开发，相当于在手机系统上进行操作，更加稳定。

上述两种实现方式对应的开发资源分别是 H5 开发工程师和移动端开发工程师，其中移动端开发工程师又分为 Android 开发工程师和 iOS 开发工程师。

综合来说，两者的优劣势如下。

- H5 页面开发速度快，一端开发多端运行，但页面响应速度慢，页面加载不仅需要获取接口数据，还需要拉取展示组件，完成页面渲染。
- Native 页面开发速度慢，Android 与 iOS 需要分别开发，但页面响应速度快，页面展示组件集成在了 App 中，所以页面加载只需获取接口数据，即可完成渲染。

另外，H5 页面在网络异常的情况下，交互体验较差。比如，大家在手机飞行模式下使用微信打开公众号文章，会看到长时间的白屏效果，并且没有及时提示网络异常，这是 H5 页面相对劣势之处。

移动 BI 建设初期，报表迭代速度快，想要让用户更早地感知到移动 BI 所带来的数据可视化成果，此时 H5 页面可以作为主要选择。随着内容建设程度的提高，我们归总出报表常用的图表类型后，就可以逐步用 Native 的方式来替换原有的 H5 报表，从而提高报表的展示效果与查看效率。

尤其在移动 BI 从内容分发窗口向数据分析工具的演进过程中，我们会更加依赖 Native 的开发资源。

上述各阶段涉及的项目资源变化，需要数据平台产品经理提前预知与协调。当然，移动 BI 产品在不同的实现阶段的功能与交互逻辑也会有所不同，数据平台产品经理所维护的需求文档，自然也要随之变化。

8.4.2 数据分析工具

正所谓"授之以鱼，不如授之以渔"，移动 BI 在内容窗口的建设过程中，会尝试给予用户更多自主探索的能力。

报表需求千百样，终究不能依靠数据与运营团队来支撑企业所有员工的数据可视化诉求，如果可以为报表查看者提供自助式的数据分析功能，让他们拥有自行解决问题的能力，便会减轻数据与运营团队的工作压力。

然而，PC 端的 BI 平台具备这样的能力，却在时间与空间上受到限制，也存在一定的使用门槛，无法做到全员普及。因此，移动 BI 的数据分析功能就拥有了一个很美好的想象空间。

移动 BI 可以依照员工已有报表权限，将数据中台所积累的数据资源释放给对应员工，并提供移动端的数据分析功能，通过简易的操作，支撑用户完成决策探索。移动 BI 数据分析功能架构如图 8-24 所示。

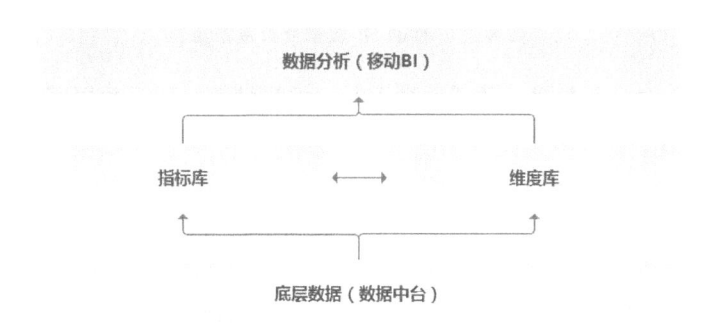

图 8-24　移动 BI 数据分析功能架构

在实际场景中，为了避免数据信息冗余，不能将数据中台积累的底层数据直接开放给用户。我们需要结合业务需求对底层数据进行萃取，选取常用的指标与维度抽象成指标库与维度库，作为移动 BI 用户数据分析原材料的来源，并复用用户的报表数据权限，实现权限管控。

用户可以基于已分配的数据，在移动端进行数据多维分析，完成数据对比与数据趋势查看等操作。移动 BI 数据分析成果页如图 8-25 所示。

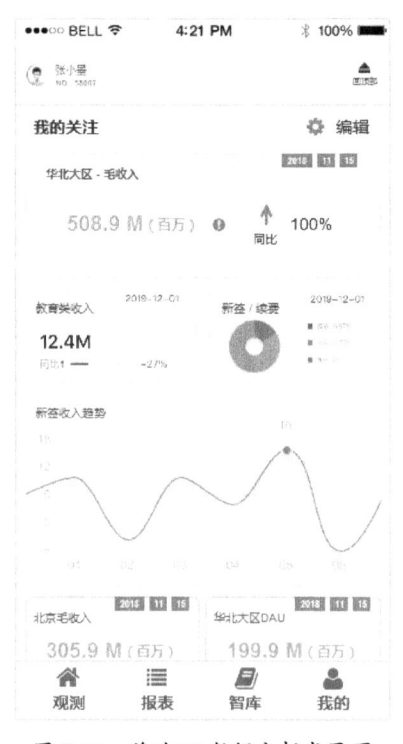

图 8-25　移动 BI 数据分析成果页

在图 8-25 中，点击图形区域可进入对应的详情页，展示数据同环比与数据趋势等内容。下面，就让我们结合功能框架图讲解一下移动 BI 数据分析功能的实现方式。

1．数据萃取——指标库

本节初提到移动 BI 的数据分析功能具有极美好的想象空间，这里有一个前提是给用户预先分配对应的数据资源。

最简单的做法，是将底层数据表权限直接开放给用户，让用户可以在移动端选取对应的数据表，然后将 BI 平台 PC 端功能进行移动端改造。这种套用的方式受限于移动端的设备尺寸与交互逻辑，有一种"橘生淮南则为橘，生于淮北则为枳"的感觉。

在实际工作中，用户常用的数据指标并不是太多，如果让用户自行在多张数据表中找寻其所需指标，无疑会增加移动端的操作深度。

所以在进行该模块功能设计时，可以将常用指标从底层数据表中抽象出来，在移动 BI 管理后台中增加指标库管理模块。指标库管理模块的主要功能如下。

（1）**指标维护管理**：实现对常用指标的增、删、改、查等功能，还可以引入类似 8.3.2 节（数据处理）中新增虚拟字段的功能，通过添加虚拟指标，丰富指标库。

（2）**指标分组管理**：实现对指标的分类，如收入类、流量类等，便于用户在移动端进行选择。

（3）**指标说明管理**：对指标统计口径与应用场景进行图文描述，在移动端提供指标说明入口，便于用户了解当前指标的用途。

与管理后台的指标库管理模块对应的是 App 中的指标库功能，其主要功能如下。

（1）**指标查看与申请**：用户可查看当前指标库所有指标的统计口径与应用场景等信息，并提供数据权限申请的快捷入口，可在移动端直接发起数据申请。

（2）**指标分析快捷入口**：针对用户已有指标，可以直接跳转至数据分析页。

通过管理后台与 App 两端的功能开发，可以完成指标精简与管控，缩短用户的选择路径。不过管理后台的指标库维护工作需要充分考虑业务场景，让用户所想即所得。

2．权限管控——维度库

为用户分配数据资源，不仅要分配指标，还需要设置该指标对应的维度权限。比如，我们为 A 公司华北大区负责人分配"净收入"数据时，在为用户分配"净收入"数据指标的同时，还需要限制大区维度为"华北大区"，以避免数据权限外溢。因此，维度管理是权限管控的必需品。

另一方面，用户在移动 BI 中对指标进行多维分析，其实就是针对当前指标进行维度组装。因此可选维度与维度明细的有效性就成了移动 BI 数据分析功能的瓶颈。

比如，如果需要对重点城市的净收入进行对比分析，选择的指标是"净收入"，分析维度是"城市"，那么如何快速把重点城市从城市明细中选出来就成为移动BI操作便捷的突破点。

为了解决上述问题，在底层数据表的基础上，我们将常用维度抽象了出来，增加了维度库管理模块，主要功能如下。

（1）**维度维护管理**：实现对常用维度的增、删、改、查等功能，明确维度来源，如果同一维度对应多张数据表，分别设置对应字段即可。

（2）**维度与指标关系管理**：该功能模块可以在指标库中实现，就是要明确指标下都有哪些维度，或者维度都作用于哪些指标。

（3）**维度明细管理**：设置维度明细及展示顺序，维度明细来源是事实表中该维度字段在指定时间区间内的去重信息，我们还可以添加一些过滤规则，减少维度明细的数据量。

基于以上3项功能，为大家举个例子，如下。

在维度库中新增城市维度，表1与表2两张数据表中均存在城市字段，其中表1中字段为"City"，表2中字段为"Location"。因此，新增城市维度时，需要明确城市维度来源于上述两个字段。

以表1为主表，设置城市维度明细，同步表2中城市明细时，发现这两张数据表的城市命名存在一定的差异。比如，表1中的"北京"，在表2中为"北京市"。为避免修改表2的底表，我们增加了创建映射关系的相关功能，设定表2的"北京市"等于表1的"北京"，避免用户同时看到北京与北京市。

梳理维度明细时，我们又发现存在很多无用的城市信息。比如，海外城市虽然存在一些指标数据，公司却不关注，所以海外城市产生了大量的城市冗余信息，因此在平台侧增加了维度数据过滤功能。

用户在移动BI的App中针对"净收入"进行城市维度分析时，可选城市范围就是平台加工后的维度明细，当用户选择城市为"北京"，接口进行SQL拼装，会按照平台映射规则，将"北京"映射为表2中的"北京市"进行数据读取。

维度明细，就是工作中经常提到的维表。上面列举的方案是众多维表维护方式中的一种,权当抛砖引玉,作为大家进行产品设计的参考。

数据资源的分发流程类似于 8.3.4 节(内容分发)中的报表查看与数据权限设置流程,大家可以再回顾一下。

3. 数据分析——乐高模式

分配数据资源后,用户就可以在移动端进行数据分析操作了。通过分析,我们发现移动端数据分析流程由选择图形、选取指标与设置维度 3 步操作组成。移动 BI 数据分析操作页如图 8-26 所示。

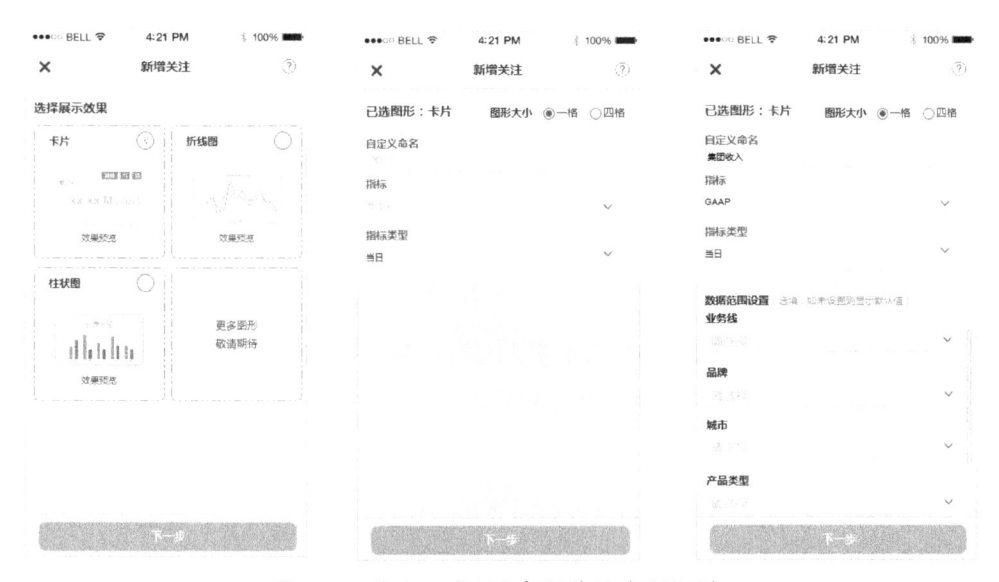

图 8-26 移动 BI 数据分析操作页(效果图)

考虑到移动设备的操作限制,图 8-26 采用了类似乐高拼装的方式,完成数据分析与内容组织,我们可以称其为"乐高模式"。

简单来说,就是将移动 BI 数据分析的功能拆分成一个个"乐高"部件,用户可以按照自身需求组装各自的"乐高城堡",最终呈现出多种可能。我们要做的就是将功能零部件标准化,综合来看需要做到如下 3 点。

- **功能划分准确**:确保数据分析功能点的边界清晰,用户所见即所得,有步步向前的操作感。
- **交互规范统一**:各功能模块严格遵守交互规范,操作自然流畅,确保用户体验一致。

- **操作简约清晰**：简化用户在移动端的操作步骤，降低用户的误操作，提高操作效率。

上述 3 项内容是进行该部分产品设计的主要注意事项。另外，在 UI 设计师进行页面设计时，产品经理要及时反馈自己的意见，保证数据产品的严谨与专业。

通过本节的介绍，相信大家对移动 BI 有了初步的了解。在内容分发与数据分析的基础上，不少移动 BI 产品结合各自企业的业务现状，进行了数据预警、数据预测等方向的产品拓展，这极大地扩展了移动 BI 的应用空间。

8.5 数据中台下的 BI 平台

不管是 BI 平台，还是移动 BI 平台，都不仅是数据分析工具，它们输出的是决策辅助的服务能力，是为了让数据产生更多的业务价值。

随着数据中台概念的火热，有很多人在讨论 BI 平台和数据中台到底是什么关系。有些人认为数据中台是在提供数据资源管理的解决方案，但这种观点笔者只认同一半。

本书第 3 章提到过数据中台需要有"采""存""管""用"4 项能力，其中 BI 平台就是"用"部分的主要功能组成，也是数据业务化的核心载体。在数据中台的数据体系加成之下，BI 平台逐步成长为海量数据的分析中心，直至成长为智能 BI。

从传统 BI 到敏捷 BI，再到如今数据中台体系下的智能 BI，BI 平台与企业业务越来越贴合。数据中台对于数据资源管理的方案优势，提升了其获取底层数据的能力，这让数据对业务场景的描述越来越丰满。因此，智能 BI 具备了更强的处理具体业务场景的能力。

BI 平台输出的分析结果与决策方案的置信度，取决于以下两点。

- 业务与数据分析能力。

分析业务，首先要了解业务，需要深刻理解业务场景，然后根据业务场景进行问题定位，从而完成数据分析。

上述操作流程，不能仅靠人工来实现，还需要智能服务为用户提供可选的算法模型。如何为用户提供合适的算法模型是 BI 平台的发展方向。而这个方向，又与数据中台对企业的数智化建设不谋而合。

- 分析数据的丰盈度。

分析结果的置信度与数据的丰盈度有直接关系，用少量数据进行论证无法得到置信度高的结果，就像"个例不能推翻理论"一样。

在数据中台体系下，BI 平台获取实时的业务数据成为可能。不仅如此，通过数据中台对企业全域数据的整合与治理，BI 平台获取数据的范围与质量都得到了极大的提高。原本我们想要"一棵树"，数据中台却给了我们"一片森林"，是不是很美好？

所以，在数据中台体系下，BI 平台具备了更强的生命力。而且在未来的大趋势下，BI 会用更开放的态度来拥抱 AI，最终建设成真正意义的智能 BI。

在 AI 加成之下，智能 BI 可以通过机器学习，聚合企业数据分析场景，训练适用于企业所在行业的算法模型，为业务人员提供自助式服务。业务人员通过可视化操作，就可以进行数据与算法的匹配，完成业务场景探索与预测式分析。

直白地说，就是让不懂算法的业务人员，通过简单的页面操作，享受 AI 带来能力加成。这样的发展趋势，会进一步降低用户的使用门槛，提升 BI 平台的预测分析能力。

另外，BI 平台还有另一个发展趋势，即"BI 上云"。尤其是提供 To B 服务的 BI 厂商，大多数在建设云端 BI 服务。与本地部署相比，BI 云化后可以降低部署成本，还可以更加便捷地为客户提供持续迭代优化的产品服务，从而获取更多客户的认可。

在很多互联网人看来，BI 是老生常谈，但在数据中台体系下，BI 又焕发了新的生命力。

第9章

用户画像平台建设实践

用户画像是一瓶老酒，久到醇香四溢。早在互联网风靡之前，企业就会为服务对象打上各种标签，以此进行分类，从而为企业客户提供个性化服务。甚至在日常生活中，我们也会不经意间用到用户画像，比如这句略带贬义的俚语——看人下菜碟。

用户画像又是一瓶新酿，跟着大数据的步伐，重新梳洗打扮。在过去，用户画像主要是圈定目标用户、理解用户诉求与梳理产品方向的工具，在产品设计、运营推广与品牌建设中都会用到。

如今，在数据中台的能力加成下，用户画像的丰满度得到了极大的提高，从知悉到洞察，用户画像呈现出了更为广泛的应用前景。

通过本章内容，让我们了解一下用户画像平台，领略一下数据产品经理与数据平台产品经理合作的力量。

9.1 用户画像的缘起

用户画像平台的产品建设,需要数据产品经理与数据平台产品经理合力完成。我们可以把用户画像平台的建设工作分为用户标签体系建设与画像服务能力建设两部分,如图9-1所示。

图 9-1 用户标签体系与画像服务能力建设

不过,在讲述"用户画像是什么"之前,笔者要先给大家讲一个小故事。

从事互联网行业至今,常有亲朋好友找笔者聊他们的创业项目。比如,有一位朋友和笔者说过,他准备做一个微信小游戏,游戏设计得特别好,微信用户都是他的目标用户,所以他的产品会大卖。

琢磨一下,笔者朋友的说法有问题吗?其实在他认为所有微信用户都是目标用户的时候,问题就出现了。因为一款游戏哪怕是老少皆宜,也要明确出更加垂直的目标用户群体。

此时,就该"用户画像"登场了。

用户画像最初的意义,是帮助企业找寻目标用户,明确目标用户的喜好与厌恶,进而优化产品功能与服务,为企业创造更多的商业价值与社会价值。

所以可以将用户画像理解为企业对用户的认知,而建立认知的基础是通过概念抽象的方式,将用户特征简化为各类标签。这里提到的用户特征主要包括以下两类。

- **基础特征**：指的是用户的基础信息，即用户的属性信息，如年龄段、性别、消费水平等信息。
- **行为特征**：指的是对用户线上与线下行为进行统计与分析，得出的用户行为偏好，如浏览行为、社交习惯、产品使用特征等信息。

基础特征与行为特征的组合，既是用户画像的基石，又是考验用户画像系统功底薄厚的瓶颈。

本章初提到传统用户画像在产品设计、运营推广与品牌建设中都有所使用，其使用方法是对用户的典型特征进行抽象描述，然后促使企业各团队更好地理解用户的行为动机与使用诉求。同时还会对"优质用户"进行单独的分析，以便企业从"广大用户"中找到与"优质用户"相似的"目标用户"。

随着大数据技术的成长与数据中台数据体系的完善，用户画像的用户样本量得到了量级上的提升，数据类型与数据来源也得到了极大的丰富，这使得用户画像从传统的典型用户画像走向了如今的真实用户画像，并完成了从静态模型到动态模型的进阶。

而且，用户画像的发展路径与互联网发展趋势是吻合的。随着流量红利的衰减，很多产品触碰到了流量天花板，让当下的互联网战场从流量运营阶段，逐步演进到了精细化运营的阶段。所以千人千面的精准营销能力，成为互联网企业乃至传统企业的"新动力"。

在数据中台体系下，企业各业务线的数据壁垒被彻底击穿了，在多方数据的交互之下，我们得到了大量的、全面的用户数据，进而打造出企业统一的、可信的、标准有效的用户标签。

有人说用户标签就是用户画像，因为他们觉得用户画像建设就给用户"打标签"。这里需要注意的是，"打标签"是使用"标签"的过程，而不是"标签"本身。不过画像服务能力的基础，确实是用户标签体系。

为了便于大家理解，笔者接下来会详细介绍标签和画像这两个名词。

- **标签（Tag）**：基于用户的行为数据，通过抽象分类和概括而来，可以用来描述特定群体或对象某项特征，且可以进行分类。

比如，针对"手机"这个特定群体，可以把 Android 和 iOS 这类特征，抽象概括为"手机系统"，那么"手机系统"就是一个标签，而 Android 和 iOS 就是"手机系统"标签下的标签值。

- **画像（User Profile）**：通过标签（标签值）的组合，对某一特定群体或对象进行描述，最终呈现的结果就是画像。

比如，对某手机进行画像描述，最终输出的画像即其参数配置介绍，如图 9-2 所示。

操作系统	其他OS
CPU型号	麒麟990 5G
机身存储	128GB
运行内存	8GB
存储卡	NM存储卡
电池容量	3750mAh-3999mAh
摄像头数量	后置三摄
后摄主摄像素	5000万像素
机身颜色	混合色
前摄主摄像素	3200万像素
屏幕前摄组合	其他
分辨率	全高清FHD+
屏幕比例	19.1~19.5:9

图 9-2　某手机参数配置介绍

在图 9-2 中，左侧列表是标签，右侧列表是标签值。在标签到画像的过程中，除了选取标签与标签值，还可以根据业务场景与商业模式等因素，设置标签权重。在实际应用中，标签权重直接影响着用户的分类归属，如果用户分类归属出现了误差，精准营销也就成了空中楼阁。

比如，针对用户对北京朝阳区某小区的二手房的浏览情况进行统计，除了用户基础信息，还需要统计浏览次数、浏览发生时间等。此时，对浏览该小区二手房的用户进行购房意向统计时，不考虑算法，仅从常识与经验来谈，也可以判断出：浏览次数越多，对应标签权重越大；浏览发生时间越久远，对应标签的权重越低。

如今，在数据中台体系下，用户标签与用户画像获得了更加适宜的生存土壤，进而茁壮成长，让精细化运营所追求的千人千面的智能营销成为可能。

9.2 企业标签体系建设

从底层数据到用户标签，从用户标签到画像服务，如果从数据流向上来看，可以用图9-3来表示。

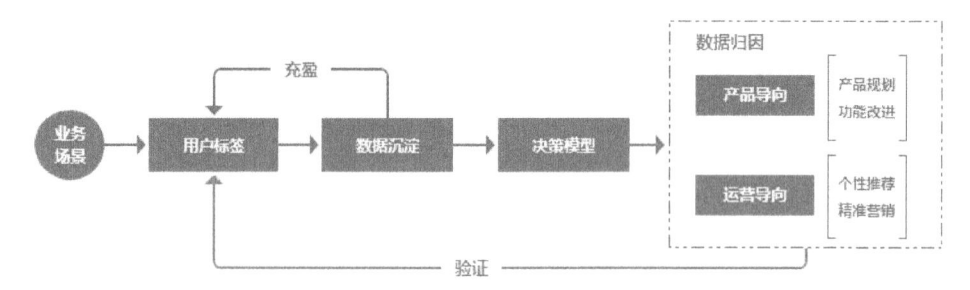

图 9-3 标签与画像数据流向图

在图9-3中，可以看到用户标签共有3种来源，如下所述。

- 基于业务场景抽象而来，通过对业务场景的调研，可以梳理出初步的用户标签。
- 基于线上数据沉淀而来，通过对业务数据与用户行为数据的提炼，不断充盈用户标签。
- 基于数据归因验证而来，决策模型（画像服务）输出的决策可以产生新数据，用来验证与完善用户标签。

在上述流程外，还有一些其他的获取标签的方式，如通过购买第三方标签服务来完善自身的标签体系等。

初创企业在打造一款新产品时，总要经历产品数据积少成多的过程；抑或是产品相对成熟，数据有所积累，想进一步进行画像补全时，也需要引入更多的标签数据。此时，优质的第三方画像服务供应商就成为一种新选择。

回归到标签的话题上，标签体系产品建设工作更多是由数据产品经理承担的。在建设过程中，除了确定标签的数据来源，还需要制定用户身份识别（OneID）规则与标签权重规则，并推进画像标签仓库构建用户标签数据服务的标准化建设工作。

9.2.1 标签分类方式

《孙子兵法·谋攻篇》中说："知彼知己，百战不殆。"

所以，想要建设标签体系，就要先把标签分类搞清楚。通过梳理，笔者发现标签根据不同的分类规则，可以产生不同的分类方式。本节会为大家介绍以下两种分类方式：按照标签生产方式分类和按照标签属性分类。

1. 按照标签生产方式分类

按照标签的生产方式，可以把标签分为两种：统计型标签和预测型标签。

1）统计型标签

统计型标签是最为常用的标签类型，主要通过对用户基础信息与行为日志聚合统计而来。

比如，用户的性别、年龄、城市等信息，可以从用户注册信息中获取；而用户的产品使用情况、兴趣偏好与消费习惯等标签，则需要通过用户的行为日志聚合统计而来，在此过程中还需要明确标签规则（统计口径）。

以"活跃用户"为例，可以把统计口径定义为"近7天存在浏览行为的用户"，然后，开发人员按照上述规则，进行相关开发即可。而统计口径的制定者就是数据产品经理。

2）预测型标签

预测型标签，可以对统计型标签进行补全，还可以应用在预测型用户画像中。其产生方式依赖于算法与机器学习，通过对已有数据的挖掘，完成对用户基本属性、意识认知或某些特定行为的预测判断。

比如，用户性别预测，虽然很多产品会要求用户在个人信息中填写性别，但是我们无法确保用户所填写信息的真实性，而预判用户的意识认知、消费动机与消费心理时，性别因素又是很关键的参考信息。因此，我们可以根据用户的行为、习惯等信息，对用户性别进行预测判断。

比如，电商类产品，如果用户经常购买与浏览美妆、女性服饰等商品，那么该用户为女性用户的概率较大。

在上述两类标签中，统计类标签占据主要地位，不过随着算法的进步与计算能力的提高，预测型标签会越来越多地应用到用户画像平台中，从而产生更多智能服务。

2. 按照标签属性分类

按照标签属性，可以把标签分为两种：结构化标签和非结构化标签。这种分类方式更像是数据库的相关概念，结构化标签类似于关系型数据库中互相连接的二维表。

不过非结构化标签与非结构化数据不同。非结构化数据指的是不方便使用二维逻辑表来表现的数据，如视频、视频、图片与文档型信息等；而非结构化标签指的是对相对独立、彼此之间没有层级关系的各项标签，且无须对标签属性与标签值进行限制。

下面就让我们详细地了解一下两类标签的区别。

1）结构化标签

常规认知中的标签就是文本，而文本是可以结构化的，因此标签也可以结构化。所以，结构化标签存在明确的层级划分和父子关系，可以形成规整的树形结构。

本节初提到的音视频等非结构化数据，同样可以通过结构化标签来描述。比如，抖音和快手的短视频，除了用户自行为短视频备注的名称、简介与分类信息，平台还会为该视频添加很多隐藏标签，这是短视频推荐的基础。

通过梳理，可以将结构化标签分为4类，如图9-4所示。

2）非结构化标签

非结构化标签只是标签体系中的一少部分，因为它不便于使用，所以在实际应用时，会将非结构化标签处理成半结构化或结构化标签来使用。

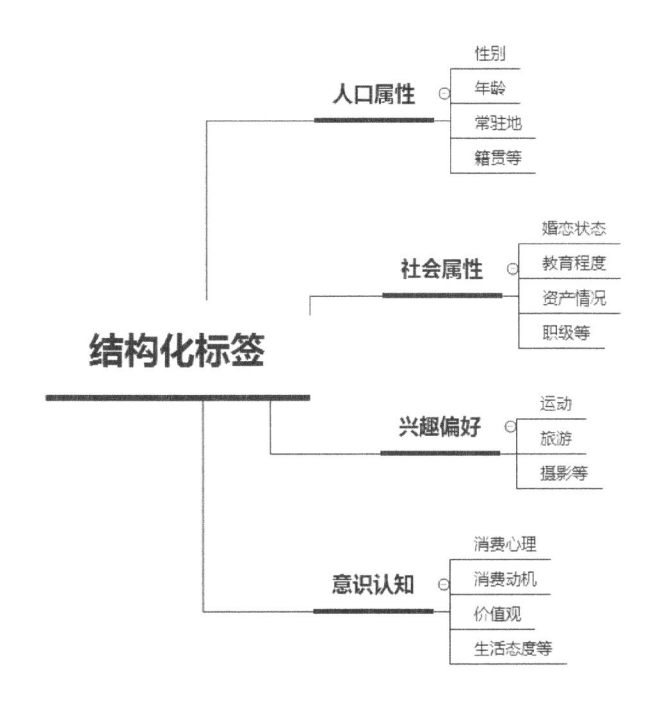

图 9-4　结构化标签分类

以效果广告为例，大家在使用计算机时，经常会看到一些"烦人"的广告弹窗，当我们细看弹窗推荐内容时，有时还会发现广告内容和我们的浏览或者其他操作行为有关联。这种被人"窥探"的感觉，就是广告服务商的非结构化标签服务带来的结果。

很多广告服务商无法获取用户过多的行为数据，只能获取当前设备某些指定操作下的信息。所以他们大多数是针对设备进行标签与画像建设的，而这种标签相对独立又相对粗糙，没有太多的关联信息。

从两类标签的定义中，我们可以知道结构化标签是标签体系的基础，就像数据管理中的元数据，是体系可用性与易用性的基础。

9.2.2　标签体系建设

标签体系建设与数据体系建设的思路类似，主要包括如下步骤：内容盘点、框架设计、标签设计、标签配置与标签服务。其中，前三项内容是标签体系建设的基础，后两项属于标签应用的范畴，本节内容会以前三项内容为主，进行相关的介绍。

1. 内容盘点（对象是谁）

前文中提到数据建模有三重世界：真实世界、眼中世界与数据世界。这个偏哲学的定义，同样适用于标签体系建设。

在进行标签体系建设前，我们要完成上述抽象过程，明确本次建设的主体对象是谁。"对象"的概念相对偏技术，简单来说，就是找到标签体系"族谱"的根节点，也就是找到标签体系中的"老祖儿"。

以商品为例，我们可以围绕"商品"进行标签建设。如果标签体系下没有与"商品"属性相似且同等地位的类目，那么商品就是当下的根节点，就成为一个对象。如果标签体系下存在与"商品"属性相似且同等地位的类目，那么我们就可以再向上抽象一层，此时商品就成为二级节点。

通过盘点企业业务现状，可以规划出当前企业的标签体系对象。通常情况下，标签体系对象包括人、物、关系，如下所述。

- **人**：标签体系的主要组成部分，包括以人为基础的用户个体与用户群体等多种类目。
- **物**：标签体系的辅助组成部分，主要指的是被动接受"人"操作的各种类目，如资源、商品等。
- **关系**：有别于人和物，关系是一种虚拟对象，作用是说明上述两类对象间的联系，包括人与人的关系、人与物的关系、物与物的关系。

明确了上述 3 类对象，我们就可以根据企业的业务现状与业务需求，进行标签体系的框架设计了。

2. 框架设计（类目设计）

标签体系的框架设计，类似于常规产品设计中的页面结构设计，根据已明确的人、物、关系 3 类对象进行内容扩充，由此形成类目树形结构，既便于查找，又便于使用。

我们以"物"这个根节点为例，在短视频平台中，对设有频道分类，其实就是对"物"这个对象下的"短视频"进行分类，如图 9-5 所示。

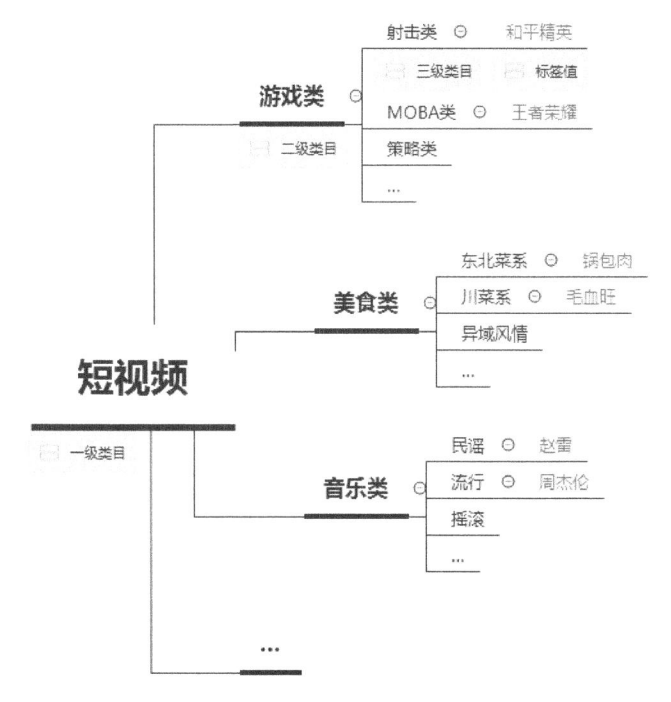

图 9-5　物—短视频类目树形结构

在图 9-5 中，短视频作为"物"分类下的一级类目，可以衍生出游戏类、美食类、音乐类等多种二级类目。在二级类目的基础上，又可以再次进行分类，从而形成图 9-5 中的三级类目。需要注意的是，图 9-5 中的末级节点不是类目，而是标签值，是可以直接"打"在短视频上的"标签"。

类目设计可以理解为将业务所需标签进行分层汇总，需要大家注意的是，类目的层级通常不会超过三级。

3. 标签设计（内容赋值）

类目结构设计完成后，除了需要进行内容赋值，还需要明确权限权重规则，只有这样才能输出有价值的标签体系。

比如，标签体系下的用户类目存在城市、婚恋状态、受教育程度、职业等多个标签，各标签都是文本，感觉并没有什么差异。但是在进行打标签操作时，我们需要思考所选标签的价值体现，主要包括以下两点。

（1）不同标签的权重问题，如城市和职业哪一个对用户价值影响大。

（2）同一标签下不同标签值的权重问题，如一线城市和五线城市用户的商业价值是否相同。

基于以上考虑，我们需要为标签制定适用的权重规则。在实际工作中，会根据不同类型的标签选用不同的计算方式。

下面，让我们以关键词权限计算法为例，为大家介绍标签权重的实现方式。关键词权限计算法又称 TF-IDF（Term Frequency-Inverse Document Frequency）算法，实现逻辑是通过计算关键词出现的次数与文件数，来完成权重赋值的。这里主要有两个重点参数，以用户标签为例，如下。

- 词频（TF）：某个标签在用户标签中所占的比重，公式如下：

$$TF(P,T) = \frac{W(P,T)}{\sum W(P,T_i)}$$

上述公式右侧：分子为该用户指定标签的数量；分母为该用户所有标签的数量。

- 逆向文件频率（IDF）：全体用户总数与标记某个标签的用户总数的比值，公式如下：

$$IDF(P,T) = \frac{\sum\sum W(P_j,T_i)}{\sum W(P_j,T)}$$

上述公式右侧：分子为全体用户全部标签的数量；分母为所有打了指定标签 T 的用户数量。

将 TF 与 IDF 所得值相乘，就可以得到当前标签在当前用户身上的权重值。不过这种纯数学的计算方式，并没有考虑业务场景，所以缺乏实用性。

在实际运用中，我们还要考虑业务重要性、时间衰减与用户行为等多种因素，综合考量后，可以得出如下公式：

用户标签权重=（行为类型权重×时间衰减）×[（TF×IDF）×行为次数]

上述公式右侧：前半部分是该标签的客观重要程度；后半部分是该标签对指定用户的重要程度。

除了 TF-IDF 算法，标签权重的计算方法还有流行排序算法（Manifold Ranking）、相关系数矩阵法等。但不管是哪种权限标记方式，都掺杂了执行人的主观因素，所以要求运用该算法的人切实了解业务场景，只有这样才能提炼出适用于业务的标签体系。

标签体系建设本质上是数据建设工作的一部分，从数据到标签，存在很多数据产品设计工作。比如，用户特征仓库和画像标签仓库的相关设计工作，其中用户特征仓库会完成日志的清洗接入，以及轻度的汇总、预聚合，这样的工作恰好在数据中台能力覆盖范围内。而画像标签仓库会根据数据产品经理制定的标签体系，完成画像标签的提取，最终达成企业级的标签服务能力。

9.3 画像服务能力建设

标签体系逐步完善后，就可以推进画像产品的落地建设了。因为业务方不能单纯依靠读取数据表或者通过 API 来使用标签，很多员工并不具备此类操作能力，毕竟术业有专攻。

因此用户画像平台需要支持用户通过可视化操作，完成相关配置，这也是我们不能把标签体系等同于用户画像平台的原因。

这些产品功能是画像服务能力的主要载体，也是数据平台产品经理接过数据产品经理接力棒后的主要工作方向。

9.3.1 从标签到画像呈现

用户画像平台可以通过标签管理、分群管理与数据分析等模块，实现对标签的管理、查询与应用，其基础功能框架如图 9-6 所示。

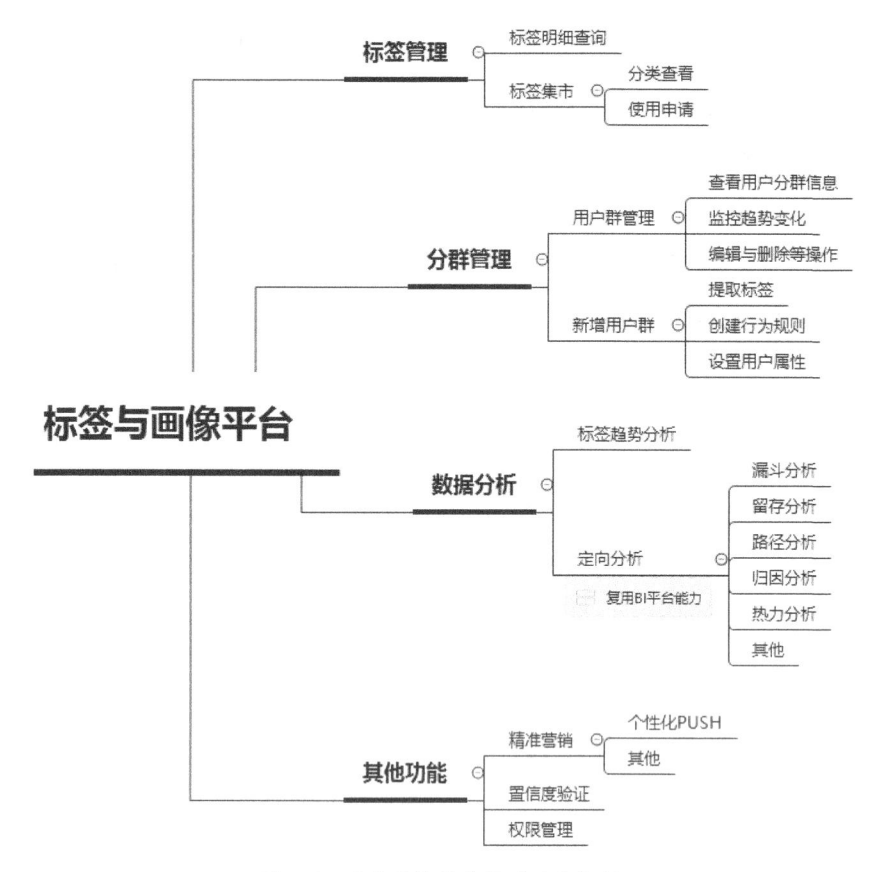

图 9-6 用户画像平台基础功能框架

从图 9-6 中，可以看出用户画像平台的基础就是标签，因此标签体系的质量制约着画像平台的服务能力。当然，画像平台自身功能的可用性，同样关乎用户的使用效率。

下面就让我们看一下标签与画像平台主要的产品功能有哪些。

1．标签管理

标签管理模块通过标签明细查询与标签集市等模块，展示标签体系下所有的标签信息。其中，标签明细查询可以根据标签分类、归属部门等字段筛选出符合条件的标签明细，标签分类就是 9.2.2 节（标签体系建设）中提到的类目结构。

标签集市，是数据中台体系下服务能力的拓展。在数据中台建设前，如果某业务线要进行用户标签与画像建设，需要从其他业务线申请对应的用户行为和属性等数据进行标准化处理与数据解读,最终生产出各种标签。

上述过程因为缺乏统一标准,不可避免地会发生理解偏差,造成相同数据源的标签定义不一致,同时也带来了大量的重复性工作。

数据中台建设后,为企业各部门提供了标准的数据口径与标签规范,通过 OneID 的建设,打通了用户身份在业务线间的壁垒。各业务线按照统一的标准生产标签,并放置在标签集市中。如果其他业务线需要使用,直接申请标签即可。这既保障了标签质量,又便于追溯,还为公司的 OneData 建设打下了基础。

2. 分群管理

分群管理是依照用户的基础特征与行为特性,通过标签间的组合运算,对用户群体进行的分类,可以完成对指定用户群体的观察分析与个性化服务。分群管理可以看作精准营销的前置条件。

随着 AI 算法能力的提升,很多平台开始尝试让算法参与用户分群的操作,不过目前仍不成熟。所以我们还是以常规流程为例,向大家介绍新增用户群的相关功能,如图 9-7 所示。

图 9-7 新增用户群(效果图)

我们来梳理一下图 9-7 中的功能点，如下所述。

（1）**用户群**：命名字段，可输入用户群名称，支持后续修改。

（2）**统计周期**：设置用户群明细更新的时间周期，可以选择单次执行。

（3）**筛选条件**：根据用户的基础特征与行为特征，进行用户分群，基础特征选择明确的标签值即可，而行为特征需要进行规制设置。

（4）**个性服务**：可以关联营销平台、推送平台等，为当前用户群提供精确营销与个性推送等服务，从而实现用户画像功能落地。

需要注意的是，不同标签类型存在不同的规则设置页。在图 9-7 中，已选用户行为特征标签为"访问次数"，这是数值类标签，所以规则由用户行为（所选标签）、时间范围、条件与条件详情组成。

新增用户群后，可以在分群管理列表页查看已有用户群。其详情页功能主要包括用户群基本信息（图 9-7 中各字段及创建者相关信息）、用户群人数趋势、个性化服务操作记录，并进行营销效果展示，实现功能闭环。

3. 数据分析

数据分析模块可以复用 BI 平台的能力，在 BI 自助分析的基础上，根据业务场景内置分析模型，如漏斗分析、留存分析、路径分析、归因分析与热力分析等。下面，让我们以漏斗分析为例，为大家讲解分析模型的落地设计思路。

漏斗分析模型主要用于分析用户在多步骤操作过程中每一步的转化与流失情况。所以进行漏斗分析时，首先需要完成流程拆分，明确各步骤的关键指标与筛选条件，其次需要确定用户完成全流程操作的时间限制，也就是用户需要在某个时间范围内，完成从第一步到最后一步的全部操作。只有这样，分析才有参考价值。

举例说明一下，用户使用某知识付费产品，从看到课程到付费的过程（不考虑购物车功能），可以拆分为 4 个步骤：浏览课程详情页、点击下单、点击付款与完成付款。添加漏斗分析的页面，如图 9-8 所示。

图 9-8 添加漏斗分析的页面（效果图）

我们来梳理一下图 9-8 中的功能点，如下所述。

（1）**事件名称**：命名字段，可输入漏斗分析名称，支持后续修改。

（2）**时间范围**：进行功能设计时，可以内置一些选项，避免用户所选时间范围过大，失去分析意义。

（3）**漏斗步骤**：可以视为一个事件下存在先后顺序的多个子事件，至少需要两个子事件，每个子事件由用户行为（标签/筛选条件）与关联字段组成。

（4）**筛选条件**：确定本次数据统计的范围，如图 9-8 中所添加的两个筛选条件"城市"和"性别"。

通过上述流程，就完成了漏斗分析事件的添加操作。当然，这只是相对粗糙的设置方式，根据漏斗模型的使用规则，还可以细化出很多的功能点。

9.3.2　标签与画像的服务能力

很多企业都在推进用户画像系统建设，而用户画像的战斗力却没能十足地发挥出来，有的甚至沦为了摆设。这里有两点注意事项，需要和大家强调一下。

（1）用户画像需要范围边界，精而专就好，大而全反倒是浪费资源，动辄成百上千个维度只会增加建设与使用难度。

（2）用户画像需要评判标准，用户画像的服务能力是产品与运营的战略资源，因此能否具备有效的服务能力是评定用户画像优劣的重要标准。

当我们打造出符合自身业务特点的用户画像平台时，收获的季节就来了。

1. 精细化运营

不少人认为产品相对成熟之后才需要考虑精细化运营，因此在产品萌芽期采用了相对粗放的运营策略。但是，如果"战争初期"就可以"定点射击""百发百中"，为什么还要"漫天扫射""浪费子弹呢"？

启动新产品时，借助数据中台体系下的画像平台，享受着数据资产的福利与兄弟部门的支撑，快速地构建用户画像体系。然后，通过新的产品数据修正画像所用的标签值与标签权重，不断提高用户画像的置信度，这会带来极大的战斗力加成。所以在数据中台体系下，产品不分新老，都可以享受到画像平台的服务能力。

而当画像内容积累到一定的程度时，可以使用算法对已有的海量数据进行处理与训练，构建智能服务模型，让数据产生"思考"。那一刻，不管是消息推送、个性化推荐，还是精准搜索，都会变得更加"善解人意"。

以消息推送（Push）为例。将用户画像策略模型用于消息推送，消息推送后，用户的打开率、转化率等数据会反哺给画像平台，促使用户画像模型优化，形成良性循环，不断提升"精细化运营"的程度。

2. 业务与产品验证

从点子到产品，我们一直在找寻产品的目标用户群体，从最初的调研访谈到标签与画像平台的建设，都是为了达成这样的目标。

基于9.3.1节（从标签到画像呈现）中讲述的分群管理功能，在产品设计过程，可以按照用户群体特征进行用户分组，然后收集该用户分组的产品使用数据，用来验证产品功能的使用效果。用数据量化产品功能，迅速找到产品改进关键点，保障产品设计不偏离既定战略航道。

同时，通过目标用户的数据趋势与现有业务的整体数据趋势的匹配度，来验证产品发展中的用户分布是否符合原有预期，对业务模式方向进行验证。

比如，新上线某产品的目标用户是一线白领，然后比对白领目标用户与全体用户的打开频次、浏览时长、订单量等数据的趋势变化。如果存在正相关关系，则说明产品目标用户覆盖良好；如果两者不存在正相关关系，则说明目标用户群体的行为数据在全体用户的行为数据中的占比与作用降低了。此时，需要根据线上数据，重新分析当前用户，完成核心用户群体的划分。毕竟"种瓜得豆"，在互联网行业已经算是寻常事了。

3. 数据服务

画像平台作为数据中台的重要组成部分，是重要的用户分析平台，也是用户分析结果的呈现平台。

更重要的是，在大数据的背景下，用户画像不再像过去一样静态呈现，而是可以实时获取用户数据进行动态的展示，具备了更强的时效性，为营销决策提供了更有效的支撑。

随着大数据与算法的成熟，用户画像系统能提供的数据服务不再局限于数据可视化与分析成果的展示，还可以进一步实现对需求的预测，洞察市场的增量空间及现有产品的发展趋势。如果大家感兴趣，可以查看一些有关AI赋能的文章，感受一下企业数智化的想象空间。

总之，日趋激烈的商业环境对企业产品变现能力提出了更高的要求，企业不仅要活下去，还要好好地活下去。

为了叩开未来的大门，企业需要付出很多努力。用户画像不仅是其中一块敲门砖，更是大门开启后，助帆远航的清风。

"好风凭借力，送我上青云。"用户画像正如是。

后　　记

在中台的风口之下，云服务提供商与 SaaS 应用服务商蜂拥而上，将很多似是而非的系统填充到了他们的"中台"里对外售卖。很多腰部以上的企业，也因为害怕落后，跟风做起了中台。

2019 年底，阿里巴巴董事长兼 CEO 张勇在湖畔大学分享时说："如果一个企业奔着中台做中台，就是死。"

事实也告诉我们，中台是一个慢工出细活的项目，那些只谈场景，不谈产品落地的中台，大都走向了衰落。

其实唱衰中台的观点出现，并不是因为中台不好，而是因为中台的产品商业化没做好，在将中台产品输送给客户的过程出现了问题。

本书中提到过很多次，中台建设需要因地制宜，所以中台产品标准化与适用性的边界，是留给中台产品经理们的难题。

站在当下这个阶段，再看数据中台。数据中台是一种解决方案，需要一系列的产品支撑数据中台的落地实施。与业务中台相比，数据中台的数据体系建设面临的业务场景与业务中台约束相似，但其标准化难度要低于业务中台。

另一方面，在企业从"数字化"走向"数智化"的道路上，数据中台是一剂值得选择的良药，从业务数据化到数据业务化，数据中台的发展潜力是值得我们期待的。

因此，数据中台的产品经理们有理由相信自己在未来可以获得更大的舞台，并由此获得更多的个人成长。

对数据中台的两类产品经理来说，数据产品经理肩负着数据中台庞大的数据体系的设计重任。在打通数据壁垒的过程中，数据产品经理需要完成企业的业务梳理工作，一步步走下来，他就会成为最熟悉企业业务的人之一，进而成长为行业专家。

数据平台产品经理，肩负着数据中台产品落地的重担。从服务企业内部到服务外部客户，数据中台的产品商业化道路少不了数据平台产品经理的身影。所以数据平台产品经理努力向前的每一步，都可能带给企业切实的商业收益，从而成长为企业的核心力量。

有人说，产品经理是 CEO 的学前班。我们不讨论这样的说法是否言过其实，只讨论为什么会出现这样的说法。

产品经理与企业领导者的能力要求的确有相似之处，如见微知著的洞察力、高屋建瓴的战略观、取舍之间的大局观、推己及人的同理心等。

上述能力的获得，除了天赋异禀的选手，大部分人是需要后天磨炼的，而大风起兮的数据中台，恰好给了数据中台产品经理们机会。这也是本书写作的出发点，笔者希望有更多的产品人了解到数据中台给予的新机会。

在本书写作之初，笔者有过很多犹豫，想过是否陈述更多方法论的内容。但是考虑到自己在数据领域的沉淀与积累，其实算不上深耕，所以倒不如把自己在该领域的部分经历做一个总结，让读者用旁观者的视角看到数据中台两类产品经理的能力要求、工作场景及产品建设案例。

笔者在本书写作过程中，深感自身水平有限，面对庞杂的产品知识体系，书中有些见解难免有片面与疏漏的地方，希望大家在阅读过程中多多指正，也希望大家可以保持对数据领域产品的关注。

最后，感谢 58 同城的朋友们给予的数据方面的专业建议，感谢我的家人在我写作过程中给予的支持，感谢电子工业出版社的编辑刘伟在本书写作与出版过程中给予的专业指导与帮助。

愿各位读者心中所想，皆有所成。如果你也是产品人，那么希望未来的你可以成为产品领域的大牛，打造出更多有价值的产品。

反侵权盗版声明

电子工业出版社依法对本作品享有专有出版权。任何未经权利人书面许可，复制、销售或通过信息网络传播本作品的行为；歪曲、篡改、剽窃本作品的行为，均违反《中华人民共和国著作权法》，其行为人应承担相应的民事责任和行政责任，构成犯罪的，将被依法追究刑事责任。

为了维护市场秩序，保护权利人的合法权益，我社将依法查处和打击侵权盗版的单位和个人。欢迎社会各界人士积极举报侵权盗版行为，本社将奖励举报有功人员，并保证举报人的信息不被泄露。

举报电话：（010）88254396；（010）88258888
传　　真：（010）88254397
E-mail：　dbqq@phei.com.cn
通信地址：北京市万寿路 173 信箱
　　　　　电子工业出版社总编办公室
邮　　编：100036